Comment contrôler les crises d'anxiété et de panique

Des secrets efficaces pour vous retrouver et profiter d'une vie relaxante.

Comment calmer l'anxiété, les symptômes et les crises.

Ronna Browning

TABLE DES MATIERES

Avertissement:

Ce livre a été élaboré à des fins d'information seulement. Il ne remplace pas le diagnostic ou le traitement professionnel d'un problème de santé. Si vous pensez que vous êtes en danger ou que vous développez des symptômes qui nécessitent une attention immédiate, consultez votre médecin ou appelez votre service médical d'urgence local.

Sentez-vous que l'anxiété et les pensées négatives continuelles affectent votre vie ?

Votre esprit est-il devenu votre pire ennemi ?

Ne vous inquiétez plus pour cela...

L'anxiété a une solution !

Les personnes qui souffrent d'anxiété et de crises de panique vivent des expériences très difficiles à tolérer et qui les privent de leur tranquillité d'esprit.

Cela les affecte toute leur vie, ils ne peuvent pas fonctionner de façon normale. Dans de nombreux cas, cela a également des répercussions négatives sur leurs relations professionnelles et personnelles.

Beaucoup pensent qu'ils sont fous, qu'ils ont perdu le contrôle d'eux-mêmes et de leur esprit et sont victimes de pensées négatives récurrentes.

J'ai vécu tout cela moi-même par le passé, et c'est ce qui m'a motivé à étudier l'anxiété et à écrire ce livre.

À l'époque, je me sentais très mal. Je pensais qu'il y avait quelque chose qui n'allait pas chez moi, et je vivais des choses comme:

- le manque d'air ; comme si je ne pouvais pas respirer correctement, comme la sensation d'une mauvaise oxygénation

- vertige permanent

- instabilité

- contractures musculaires

- mon cœur battait la chamade

- difficulté à dormir et je me réveillais en sursaut

- faiblesse dans les bras et les jambes

- J'avais l'impression que j'allais perdre conscience à tout moment

Pendant tout ce temps, je pensais que quelque chose de mal allait m'arriver.

J'ai eu l'impression que je n'étais plus moi-même !

Les situations que je pouvais gérer avant maintenant me dérangeaient.

Et je me suis demandée:

"Qu'est-ce qui a changé en moi ?"

Les médecins m'ont fait tout un tas de tests, m'ont dit que j'allais bien, que j'étais juste stressée, mais je n'arrivais toujours pas à avoir l'esprit tranquille.

Ma famille me soutenait, mais c'était aussi frustrant pour eux parce qu'ils ne savaient pas comment m'aider.

Lorsque vous souffrez d'anxiété, il est très difficile pour eux de vous comprendre car ils n'en souffrent pas.

Et les pensées négatives deviennent un modèle négatif récurrent dont il est difficile de se défaire.

Beaucoup de gens commencent à souffrir d'insomnie, ce qui crée un cercle vicieux, car...

Vous avez besoin de dormir pour être calme, mais vous ressentez tellement d'anxiété que vous ne pouvez pas dormir.

Mais la chose la plus terrible était de ne pas savoir quoi faire à ce sujet.

C'est pourquoi je vais partager avec vous ce que vous devez faire, étape par étape, pour sortir de ce cauchemar.

Ce livre vous aidera à:

- Retrouver votre tranquillité d'esprit

- Vous rétablir, pour pouvoir faire tout ce que vous voulez

- Pouvoir vous détendre et profiter des choses

- Être vous à nouveau !

- Faire en sorte que cet épisode désagréable se termine vite

- Apprendre à mettre fin à vos pensées anxieuses, répétitives et fatalistes

- Trouver comment transformer ce problème en un triomphe personnel

Je vais partager avec vous ce que vous pouvez faire pour vous sentir comme avant.

Ne pas agir ne fait que vous éloigner de la vie que vous voulez vivre.

C'est donc le moment d'investir en vous-même, dans votre tranquillité d'esprit et de commencer à utiliser les recommandations incluses dans ce livre pour que vous puissiez vivre en paix à nouveau.

INTRODUCTION

Peu importe si vous êtes dans un état d'anxiété ou si vous vous sentez mal, ou si le simple fait de lire ce livre vous semble être un grand défi... Si vous lisez ce livre jusqu'au bout et que vous osez nous accompagner dans ce voyage, vous vous donnerez l'occasion de sortir du trou dans lequel vous êtes tombé et dont vous pensez peut-être ne pas pouvoir en sortir.

L'anxiété vous fait sentir l'envie de vous échapper de vous-même, de fuir votre propre esprit ainsi que votre corps, mais c'est impossible et vous tombez dans le désespoir. Alors ayez la foi : il y a un nouveau courant, un nouveau mouvement qui vous aidera à retrouver le contrôle que vous aviez autrefois.

C'est une méthode qui a été conçue par des personnes qui, comme beaucoup d'entre nous, ont longtemps été en proie à des crises d'angoisse, mais qui ont finalement trouvé la clé dans un remède définitif.

Et tout comme ils ont réussi, beaucoup d'autres l'ont fait, en étant persévérants et en suivant les étapes que nous expliquons ici. Il vous appartient maintenant de décider si vous voulez rester pris dans les filets de l'anxiété ou si vous OSEZ continuer à lire et à chercher la sortie du labyrinthe.

LA CRUELLE ET TERRIBLE ANXIÉTÉ

Pour savoir à quel point l'anxiété est désagréable, il faut en avoir souffert. Beaucoup parlent chaque jour de leur anxiété ou disent qu'ils sont stressés, mais ils ne comprendront jamais à quel point l'anxiété est effrayante à moins qu'ils ne l'éprouvent dans leur propre chair et esprit.

Seuls ceux d'entre nous qui l'ont vécu savent à quel point la tête est inondée de questions étouffantes...

Serai-je toujours comme ça ?

Est-ce que mon cerveau aura toujours ce problème ?

Est-ce que je deviens fou ?

 Est-ce que je vais devoir aller dans un asile ?

Est-ce que je vais perdre complètement le contrôle de moi-même ?

Sans parler de la peur d'avoir une crise de panique, de sentir que d'une seconde à l'autre votre vie sera terminée, de sentir votre souffle s'envoler et d'être horrifié à l'idée que vous ne puissiez plus respirer.

C'est précisément à cause de ce manque de compréhension que, lorsque nous tombons dans l'anxiété, nous nous sentons seuls au monde. Parce que personne ne peut nous comprendre ; nos amis, les membres de notre famille, minimisent nos craintes parce qu'ils ne savent pas ce que c'est d'être comme ça.

Ils ne connaissent pas la terreur de penser, de sentir dans leur esprit et dans leur peau comme si quelque chose de très mauvais allait arriver, quelque chose dont nous ne savons peut-être même pas ce que c'est, mais qui nous remplit d'une peur et d'une angoisse qui sont infernales.

Ils ne savent pas ce que c'est que de perdre la volonté de faire les tâches simples que vous devez faire chaque jour, ils ne comprennent pas pourquoi vous évitez certaines activités et situations ou pourquoi vous agissez si bizarrement. Ils ne se voient pas perdus, égarés et désorientés dans les rues qu'ils parcourent chaque jour, comme cela vous arrive.

Ils n'imaginent pas non plus la fatigue que vous pouvez ressentir, l'épuisement physique et mental de passer jour et nuit à répéter des pensées fatalistes, inquiétantes, étouffantes.

Mais... Même si vous vous sentez seul, vous devez savoir que vous ne l'êtes pas. Nous vous comprenons. Nous savons ce que vous vivez et nous voulons vous aider à le surmonter, tout comme nous l'avons fait.

Et tout comme vous, il y a probablement d'autres personnes proches de vous qui souffrent aussi en silence : l'anxiété est une condition très courante qui attaque des millions de personnes dans le monde. Mais bien qu'elle soit très courante aujourd'hui, ce n'est pas un mal incurable.

Peut-être avez-vous passé des dizaines de tests médicaux à la recherche d'une maladie rare qui explique tous vos " symptômes ", ou peut-être avez-vous déjà reçu un diagnostic de trouble anxieux. Croyez-le : il y a des millions de personnes qui sont comme vous. Mais tout le monde n'a pas la chance de trouver un outil comme celui-ci pour un traitement permanent.

QUE TROUVEREZ-VOUS DANS CE LIVRE ?

Avec ces lignes, notre intention est que vous vous rétablissiez dans les plus brefs délais et que vous retourniez vivre votre vie quotidienne comme avant.

De la manière la plus simple possible, nous voulons vous apprendre comment mettre fin à vos pensées anxieuses, répétitives et fatalistes. Nous vous aiderons à éliminer ces crises de panique ennuyeuses (bien qu'inoffensives). Nous vous ramènerons à ces activités que vous aviez l'habitude de faire et que vous évitez maintenant à tout prix. Et, même si vous avez été plongé dans cet état d'angoisse et d'anxiété pendant longtemps, nous vous aiderons à retrouver votre véritable "moi".

De plus, vous découvrirez comment transformer ce problème en un triomphe personnel et vous éveillerez une puissance cachée en vous : lorsque vous sortirez de votre anxiété, vous serez plus fort qu'auparavant.

Cette approche permettra d'éliminer les consultations coûteuses avec un psychiatre ou un psychologue et l'utilisation de médicaments corrosifs. Cette méthode simplifie le rétablissement, car sa clé est de vous apprendre à ne pas " gérer " ou " contrôler " votre anxiété, mais de la guérir pour que vous puissiez vivre pleinement votre vie.

Et la clé est ici : nous vous apprendrons comment vous débarrasser de la PEUR de l'anxiété, avant l'anxiété elle-même.

Cette méthode vous offre une technique en quatre étapes qui vous mènera sur le chemin de la guérison et du succès :

- Espacer de plus en plus l'apparition des crises de panique, jusqu'à ce qu'elles disparaissent définitivement dans les plus brefs délais.

- Réduire et éliminer l'anxiété généralisée.

- Diminuer les pensées fatalistes et les idées toxiques récurrentes et les transformer en sensations positives.

- Commencez à vous sentir à l'aise avec l'"absence" d'anxiété et commencez une phase d'adaptation à l'état "non anxieux".

- Réagissez de manière appropriée aux éventuelles rechutes.

Mais ce n'est pas tout ; dans ce livre, nous vous révélerons également les techniques que vous devriez utiliser dans diverses situations, symptômes et sensations que vous éprouvez lorsque vous souffrez d'anxiété généralisée.

Que faire si vous avez une crise de panique ?

Comment réagissez-vous à l'insomnie ?

Comment agir lorsque vous ressentez des palpitations ?

Que devez-vous faire si vous avez peur de sortir de votre maison ?

Nous allons aussi vous expliquer de façon très simple pourquoi ces "symptômes" sont ressentis par votre corps et votre esprit, afin que vous compreniez que vous n'êtes pas malade, que vous n'allez pas mourir et que toutes ces peurs et sensations sont des créations de vos propres peurs.

PLUSIEURS CHOSES QUE VOUS DEVEZ SAVOIR AVANT DE COMMENCER

1. Il est normal de se sentir très mal. Si vous êtes stressé et anxieux, votre chimie hormonale change et influence votre corps et votre cerveau, qui sont également épuisés par ce bombardement de sentiments et de pensées négatives. Mais ça ne veut pas dire que vous êtes malade.

2. Pensez-vous que cela vous arrive parce que vous êtes faible ? Faux : vous êtes plus courageux et plus fort que vous ne l'imaginez.

3. Vous demandez-vous "pourquoi cela m'arrive-t-il ? Personne ne connaît la réponse. Certaines personnes sont plus sensibles que d'autres au stress, et vous êtes peut-être l'une d'entre elles. Mais peu importe qu'il n'y ait pas d'explication à votre problème, car la solution reste la même. Ne vous creusez pas la tête pour trouver une explication, c'est inutile.

4. Vous vous demandez combien de temps il vous faudra pour guérir ? La réponse est en vous. Cela dépendra de votre disposition, de votre désir, de votre compréhension et de votre effort.

5. Cela peut vous sembler étrange, mais le principal obstacle pour surmonter l'anxiété est vous-même. Mais la solution est en vous. Vous avez le contrôle, même si vous ne le savez pas. D'autres peuvent vous aider. Ce livre peut vous guider. Mais en fin de compte, le remède est entre vos mains. Vous devez avoir confiance en vous. Croyez en vous. Tout comme vous vous êtes mis dans cette situation, vous pouvez vous en sortir, avec de la volonté.

PARTIE 1. LA MÉTHODE

COMPRENDRE L'ANXIÉTÉ

Vous devez commencer par comprendre que l'anxiété est un outil de survie. L'anxiété n'est pas une maladie, mais un mécanisme de défense.

Rappelez-vous que l'être humain, à ses origines, vivait en danger constant, de sorte que notre esprit est naturellement conçu pour être alerte à toute situation dans laquelle nous devons décider de fuir ou de combattre. Nos ancêtres vivaient dans un environnement plein de risques, avec des animaux sauvages et avec la nature souvent contre eux. Dans une situation de danger, l'esprit se met en état d'alerte.

Par exemple, si un individu soupçonnait que l'ombre derrière un arbre était une bête qui pouvait l'attaquer, alors son cœur commençait à battre plus vite et son esprit était altéré.

"Que se passerait-il si la bête derrière l'arbre m'attaquait ?"

Ensuite, avec la montée d'adrénaline, le sujet prend la décision de courir aussi vite que possible ou de chercher un objet qu'il peut utiliser comme arme pour affronter son ennemi potentiel.

Dans ce genre de situation, le corps et l'esprit ressentent une anxiété naturelle et totalement justifiée. La chimie dans le cerveau change pour rendre l'individu plus apte à faire face à ce qui lui arrive sur le moment présent. Mais une fois le problème résolu, tout revient à la normale, le cerveau et sa chimie se stabilisent, et le corps et l'esprit cessent de recevoir des signaux d'avertissement.

De nos jours, les menaces sont très différentes... Ce n'est peut-être pas une bête derrière un arbre, mais une autoroute avec du trafic... "Je vais être en retard au travail... Je pourrais perdre mon travail... Je vais être réprimandé... S'ils me virent, je ne pourrai pas subvenir aux besoins de ma famille..." En raison de la répétition constante de ce genre de soucis, peut-être un traumatisme ou bien d'autres causes, il peut arriver que les niveaux d'anxiété se bloquent à un point élevé et ne deviennent plus normaux. C'est là que tout cela devient un désordre.

Eh bien, c'est ce qui vous est arrivé. À un moment donné, votre niveau d'anxiété, pour une raison ou une autre, a augmenté, mais il n'a pas diminué de nouveau ou il est resté en permanence en hausse et en baisse, de sorte que votre cerveau envoie sans cesse de mauvais signaux... Cela fait battre votre cœur plus vite sans raison apparente... Cela vous fait transpirer, vous avez les mains froides... Cela vous fait frissonner. Et cela vous donne l'impression que quelque chose de mauvais va arriver... Tout comme notre ami avec l'ombre derrière l'arbre, mais avec la différence que dans votre cas, il n'y a pas d'ombre et qu'il n'y a pas de bête.

Il y a juste un décalage.

Bien sûr, vous vous sentez mal et avec le temps, vous commencez à désespérer. Maintenant que vous savez, il vous suffit d'apprendre à percevoir votre anxiété d'une manière différente.

Pour ce faire, nous allons vous montrer les quatre étapes qui composent cette méthode.

ÉTAPE 1. NE PAS RÉSISTER À L'ANXIÉTÉ

L'anxiété est une énergie nerveuse qui monte et descend, tout comme les vagues de la mer. Supposons que vous soyez sur la plage et que de temps en temps une vague se lève devant vous. Quand vous résistez à la vague, elle vous projette, vous roulez dans l'eau et vous finissez par avoir peur et être bouleversé, peut-être que vous allez avaler de l'eau et commencer à craindre les vagues et le fait de leur résister.

Mais si au lieu de lui résister, vous vous déplaciez à son rythme, vous sautiez et montiez avec elle quand elle monte, descendez avec elle quand elle repart, vous finiriez par perdre votre peur des vagues.

L'anxiété est comme ça, comme des vagues. Parfois elles se lèvent, puis elles retombent... Mais elles s'effaceront toujours. Il n'y a aucune raison de craindre la prochaine vague qui vient, parce que vous savez que juste en ne résistant pas, ne pensant pas que vous allez rouler dans l'eau et aller à leur rythme, sera suffisant pour ne pas vous blesser.

L'anxiété devient un problème quand, au lieu de monter et descendre avec elle, au lieu d'aller à son rythme, vous commencez à lui résister. Il faut cesser de résister à l'anxiété, de minimiser son importance, car à la fin, elle sera toujours destinée à s'évanouir.

Lorsque vous résistez, la peur commence à grandir en vous et vous perdez le contrôle. L'important dans notre méthode est que vous commenciez une fois pour toutes à ne plus résister et à ne plus avoir peur la prochaine fois que vous commencerez à sentir venir une crise d'anxiété.

Que se passerait-il si

L'essence de cette première étape est de recycler la façon immédiate de répondre à l'anxiété quand vous la voyez venir. C'est une étape très rapide et facile à mettre en œuvre et vous devez la pratiquer dès l'instant où vous la sentez apparaître.

L'anxiété vient soudainement et grandit rapidement, et elle grandira plus vite si vous faites la pire des erreurs... Que vous vous retrouviez dans des pensées du genre... "Et si...

Souvenons-nous de notre ami préhistorique... "Que se passerait-il si... la bête derrière l'arbre m'attaquait ?"

Le pauvre homme a probablement eu affaire à une bête, mais il est fort probable que tous les " et si " que vous répétez tout le temps ne sont pas les bons. Il n'y a pas de bête qui attend pour vous attaquer.

C'est peut-être le genre de pensées qui vous viennent à l'esprit lorsqu'une crise d'anxiété arrive :

"Et si mon cœur s'arrêtait de battre ?"

"Et si j'ai une crise de panique en conduisant ma voiture ?"

"Et si cette anxiété ne disparaissait jamais ?"

"Et si je m'évanouis dans la rue ?"

"Et si je devenais si agité que je ne puisse plus respirer ?

Habituellement, les réponses à toutes ces questions sont les plus catastrophiques et les plus négatives possibles. Vous penserez rarement à des réponses encourageantes et positives.

Eh bien, c'est ce que vous devez faire à partir de maintenant. Évitez de penser à des réponses désastreuses à vos questions angoissantes... Parce qu'en les répétant, vous augmenterez votre adrénaline, votre rythme cardiaque... Votre cerveau va penser que quelque chose de mauvais est sur le point de se produire et enverra des signaux d'avertissement. L'anxiété vous attaquera.

Ne le faîtes plus. Dorénavant, répondez à ces questions par des réponses heureuses et encourageantes.

Que se passerait-il si mon cœur s'arrêtait soudainement ? Une réponse appropriée serait :

"Et alors... Mon cœur est fort, il fait juste de l'exercice. Il ne se passera rien."

Et si j'ai une crise de panique en conduisant sur l'autoroute ?"

"Et alors ! Je vais continuer à conduire, comme je l'ai toujours fait, et je rentrerais à la maison, comme je le fais toujours, en toute sécurité."

"Et si ces horribles pensées continuaient à me venir à l'esprit ?"

"Et alors ! Ce ne sont que des pensées et elles ne peuvent pas me faire de mal. Mon esprit va se calmer et les pensées vont s'en aller."

Il est très probable que lorsque vous commencerez à répondre aux questions par des réponses positives, ces réponses écarteront les pensées effrayantes, vous aurez l'impression de vous tromper vous-même. Peu importe ! Continuez à le faire. Avec le temps, votre esprit se calmera, le spectre de l'anxiété diminuera à mesure que vous réaliserez que les réponses positives sont vraies... Parce qu'en fin de compte, c'est vrai... Il ne vous arrivera rien de mal !

NE RÉSISTEZ PAS ! La clé est de désactiver rapidement l'accumulation de la peur.

Faites-le à chaque fois que vous la sentez venir. De cette façon, vous désarmez rapidement l'accumulation de tension et faites bouger votre esprit au même rythme que vos nerfs et votre anxiété, plutôt que de leur résister.

ÉTAPE 2. ACCEPTER L'ANXIÉTÉ

Vous avez déjà appris que l'essentiel est de ne pas résister à l'anxiété, mais cela ne suffira pas à la surmonter. La deuxième étape est l'ACCEPTATION. Lorsque vous acceptez ce que vous ressentez, acceptez les " symptômes ", les pensées ou tout ce qui en découle, vous donnez plus de pouvoir à la stratégie mise en place de ne pas résister.

Il y a encore de l'anxiété en vous, mais vous devez la dissiper en acceptant qu'elle soit là. Quand nous disons accepter, nous voulons dire laisser faire... laissez la exister. Laisser tomber. Peu importe qu'elle soit là, peu importe ce qu'elle vous fait penser ou ressentir. Laissez-la.

Presque tout le monde a une mauvaise réaction initiale lorsqu'une crise d'anxiété survient. Notre nature d'être humain nous amène à éviter les expériences désagréables, et c'est pourquoi nous préférons éviter la situation, la bloquer, y échapper.

N'essayez pas de bloquer votre anxiété, n'essayez pas d'y échapper, car aussi fort que vous la bloquez, c'est à ce point qu'elle vous attaquera. Aussi vite vous vous enfuyez, aussi vite elle vous courra après.

Tant que vous fuyez l'anxiété, tant que vous la bloquez, vous y consacrerez de l'énergie... Vous en aurez assez de bloquer et de courir, et vous finirez par succomber.

Cela se produit parce qu'il n'est pas possible d'y échapper, ni de la bloquer, ni de l'éviter. ACCEPTER. Avancez avec elle à son propre rythme, jusqu'à ce qu'elle ne soit plus importante. Quand elle cessera d'être importante, elle perdra toute cette force. La force vient de VOUS, que vous décidiez de la fuir ou de la bloquer.

Plus de gaspillage d'énergie pour l'anxiété. Cela peut fonctionner pendant un certain temps, mais vous serez quand même épuisé et vous tomberez dans ses filets. Vous ferez mieux de l'accepter. Une bonne façon d'entraîner votre cerveau à l'acceptation est de répéter des phrases comme celle-ci :

"J'accepte et je permets mon anxiété. J'accepte qu'elle soit là. Je la laisse faire."

Lorsque vous l'acceptez, la lutte interne entre vous et elle s'arrête et votre système nerveux a une chance de se détendre.

Peu importe les sentiments étranges que cela vous fait ressentir, peu importe les pensées macabres que cela vous apporte. C'est juste une excitation nerveuse. Acceptez que ces sensations soient là... C'est tout ce qu'elles sont, des sensations. Ne leur résistez pas, elles sont là, mais elles ne sont pas importantes. Elles passeront.

"Ce à quoi vous résistez, persiste", dit un sage. D'autre part, ce que nous acceptons, nous pouvons le transformer. Lorsque nous acceptons pleinement notre anxiété en la laissant être, sans y échapper ou sans lutter contre elle, nous commençons à la transformer.

Vous devez apprendre à être à l'aise avec votre anxiété.

Le secret de la guérison est d'arriver au point où vous permettez et acceptez vraiment votre anxiété. À ce moment-là, elle commencera naturellement à se décomposer.

Une chose très importante pour l'ACCEPTATION est d'arrêter d'être pressé de sortir du trou.

Il est contre-productif d'être constamment à l'affût de ce que l'on ressent ou de se réveiller en se demandant comment on va se sentir aujourd'hui, si l'on va être anxieux, si l'on va avoir des palpitations. Ça n'a pas d'importance. Laissez faire.

Au lieu de vous demander si vous allez être anxieux aujourd'hui, demandez-vous quel niveau d'anxiété vous serez capable d'accepter et de rejeter aujourd'hui.

BIENVENUE, ANXIÉTÉ

Vous devez comprendre que lorsque nous vous disons de ne pas résister et d'accepter votre anxiété, il ne s'agit pas d'alimenter vos peurs, mais de les laisser tomber de leur propre poids.

Il s'agit de construire une nouvelle relation avec votre anxiété, de se placer d'un autre point de vue : en tant qu'observateur extérieur.

Observez comment les pensées, les symptômes et les sensations apparaissent. Ne les fuyez pas, ne les ignorez pas. Observez-les. Si vous le faites de la bonne manière, vous obtiendrez un effet de guérison sur votre système nerveux. Parce qu'en les connaissant et en vous déplaçant avec eux, vous vous rendrez compte qu'ils sont inoffensifs. Vous les accepterez et ils perdront de leur importance. Ils finiront par perdre de la force et par s'effondrer.

Imaginez votre anxiété comme un vendeur de porte-à-porte. Il est toujours là. Mais celui-ci est plutôt persistant et insiste pour se présenter à votre porte tout le temps, et il tape et son bruit vous dérange et vous gêne.

Les jours passent et vous continuez à éviter à tout prix le vendeur, à vous enfuir pour qu'il ne vous rattrape pas lorsque vous quittez votre maison ou que vous y entrez. Ce vendeur insensé ne vous laissera tranquille que lorsque vous l'amènerez chez vous et qu'il vous dira ce qu'il a à vous dire, alors que vous le regarderez simplement sans donner aucune importance à ses paroles ou à ce qu'il a a vous offrir.

Surveillez-le, car vous savez que lorsqu'il aura fini de vous dire ce qu'il voulait vous dire, il partira. Surtout parce que vous décidez de ne pas acheter ce qu'il est venu vous vendre.

Parce que vous ne croyez pas en son produit. Le vendeur perdra l'envie de vous déranger et partira. Peut-être qu'un jour il reviendra, mais vous ne serez plus aussi mal à l'aise d'accepter sa présence, et encore une fois, il partira enfin.

Vous devriez aussi inviter l'anxiété à venir s'asseoir à côté de vous et vous dire ce qu'elle a à vous dire. Quand vous verrez que ce n'est rien d'important, elle partira. Vous ne succomberez pas à ses offres trompeuses.

Vous pouvez vous entraîner à dire des phrases comme les suivantes :

"Bienvenue, anxiété : je ne vais plus me battre avec toi. Faisons une trêve. Assieds-toi à côté de moi. Dites-moi ce que tu as à dire."

"J'accepte et je permets ce sentiment d'anxiété et ces pensées anxieuses".

En acceptant l'anxiété et en l'invitant à s'asseoir à côté de vous, vous déclencherez un sentiment libérateur.

En ne résistant pas, vous permettez à votre corps et à votre esprit de se détendre librement avec toute cette énergie nerveuse. Vous devez le faire avec la conviction que ça marchera pour vous.

Chaque fois que vous ressentez une poussée d'énergie nerveuse, vous devriez la traiter comme un ami qui vous rend visite et s'assied avec vous.

Votre anxiété ne grandira pas si vous la recevez avec une telle hospitalité. Parce que ce sont vos peurs, votre rejet et votre résistance qui l'alimentent.

Laissez votre anxiété se manifester sous n'importe quelle

forme, dans votre corps ou dans votre esprit. Est-ce qu'elle vous serre la gorge ? Est-ce qu'elle accélère votre rythme cardiaque ? Est-ce qu'elle vous attaque avec des pensées chaotiques ? Ça n'a pas d'importance. Laissez-là exister... Dites-lui qu'elle est la bienvenue. Laissez votre corps vibrer d'excitation nerveuse sans aucune résistance. Ensuite, elle commencera à s'effacer.

Pendant que l'anxiété est là avec vous, vous pouvez lui dire des mots comme ceux-ci:
"J'accepte et je permets mon anxiété. J'accepte et je permets les sensations qu'elle me fait vivre".

Mais comprenez bien une chose : nous savons que ce n'est pas agréable. Ce n'est pas un visiteur agréable. Ce n'est pas agréable de ressentir de la peur, de l'angoisse, des palpitations, des nœuds dans la gorge. Mais vous devez tout de même accepter tout cela et l'accueillir car c'est la seule façon pour que ces symptômes disparaissent naturellement. C'est comme prendre un médicament au goût amer. Vous savez que ce ne sera pas agréable au palais, mais vous vous sentirez beaucoup mieux par la suite.

Elle est toujours la bienvenue. Ne soyez jamais contrarié lorsque l'anxiété se manifeste sur le pas de votre porte. Soyez un bon hôte et souriez-lui. Invitez-la à entrer, offrez-lui du thé. Vous pouvez même, pendant qu'elle est là avec vous, donner à votre anxiété une image visuelle dans votre esprit. Peut-être une caricature ridicule. Vous pouvez aussi donner à votre anxiété un surnom ringard. Vous pouvez imaginer qu'elle a une voix ridicule, très aiguë. Créez dans votre esprit une personnification très ridicule de votre anxiété.

L'important dans l'exercice précédent est de donner aussi une touche d'humour et une connotation absurde à votre anxiété. De cette façon, vous apprendrez à votre cerveau que votre anxiété n'est que cela, un visiteur ridicule et inoffensif.

Et oui, elle est inoffensive. Vous ne pouvez pas vous sentir menacé par un personnage aussi stupide. Avec un peu de pratique, vous finirez par accepter l'arrivée de l'anxiété comme une blague folle qui pourrait même vous faire sourire. Jouez à ce jeu, car aussi bête que cela puisse paraître, c'est un excellent entraînement pour votre esprit et pour vous permettre de vous détendre face à des crises d'anxiété.

N'ayez pas peur de le faire, de l'accueillir et de jouer avec elle. N'ayez pas l'impression que cela vous fera perdre le contrôle. Au contraire, de cette façon, vous commencez à mettre le contrôle entre vos mains. Plus vous faites cela, mieux vous traitez votre anxiété et plus vous la regardez de façon ridicule, plus elle perdra rapidement de son intensité. Croyez-nous. On l'a fait et ça a marché.

De plus, il faut aussi oser inviter l'anxiété quand on ne la voit pas venir. Quand elle est cachée.

Dans un bon jour, appelez-la. "Hé, l'anxiété. Je vous invite à entrer. Venez aujourd'hui, faîtes moi voir ce que vous allez me faire." Gardez les portes ouvertes, arrêtez de vous inquiéter de sa venue ou de sa non venue, car vous elle peut venir quand elle veut.

N'oubliez pas que la peur de la peur, la peur de l'anxiété et la peur de ses sensations est ce qui la maintient là à vous déranger. Si vous décidez de jouer avec, vous commencerez à perdre votre peur et à vous libérer à nouveau.

Cette deuxième étape que nous proposons peut sembler un peu étrange ou absurde. Mais vous devez faire confiance à ce que nous disons. Faites-nous confiance et essayez au moins pendant quelques semaines. Lorsque votre anxiété commencera à diminuer, vous réaliserez que c'est la bonne façon de faire les choses.

La différence entre cette approche et d'autres est que nous allons à la racine du problème, la peur de la peur et la résistance à l'anxiété. Cette méthode vous apprend que l'anxiété ne représente que des pensées, des peurs et des sentiments inoffensifs.

Il ne s'agit pas d'éviter l'anxiété, de s'en distraire par d'autres pratiques ou exercices, mais d'en prendre tellement conscience que vous l'acceptez et que vous cessez d'y résister jusqu'à ce que vous réalisiez qu'elle ne peut vous blesser en aucune façon, afin que vous puissiez vous sentir à l'aise et libre de toute crainte lorsque vous la voyez venir et même que vous soyez indifférent ou non à son apparition.

Lorsque vous faites cette pratique, en quelques minutes vous commencez à perdre votre peur, vous commencez à vous détendre. Les sensations sont réduites. La perturbation nerveuse se transforme en un autre type d'énergie, peut-être une animosité semblable à celle que l'on ressent lorsqu'on boit du café. Lorsque l'énergie nerveuse atteint ce point, il est beaucoup plus facile de travailler avec elle. Vous pouvez maintenant l'utiliser pour vous lever et faire des choses productives et positives au lieu d'être bouleversé et paralysé.

COMPRENDRE CE QUE SIGNIFIE ACCEPTER

Nous espérons que lorsque vous mettrez cette deuxième étape en pratique, vous comprendrez très clairement ce que nous entendons par ACCEPTER votre anxiété. Ce n'est pas un mot magique. Ce n'est pas seulement dire : " Je l'accepte ". Et avec cela, elle disparaîtra comme par magie. Pour maîtriser la technique, soyez très clair à ce sujet : la clé de notre méthode n'est pas de se débarrasser de votre anxiété, mais de vous débarrasser de votre peur de l'anxiété.

Nous n'allons pas éliminer directement les sentiments fous

que l'anxiété déclenche dans votre corps et votre esprit. Nous allons mettre fin à la peur constante que ces sensations éveillent en vous. C'est la seule façon de se libérer.

Nous savons très bien combien il est ennuyeux de vivre avec des nerfs altérés en permanence. Nous connaissons toutes les réactions que notre corps et notre esprit subissent lorsque le cerveau envoie des signaux d'anxiété. Mais comprenez bien ceci : notre but n'est pas de vous libérer de ces sentiments. Nous ne voulons pas que vous viviez un calme artificiel et tendu. Ce n'est pas une méthode qui vous permet de vous détendre rapidement en pleine crise et d'empêcher votre corps de trembler ou votre cœur de ralentir immédiatement. Si nous devions vous enseigner cela, nous ferions l'erreur de vous apprendre à résister à l'anxiété.

Ce que nous voulons vous enseigner, c'est de NE PAS AVOIR PEUR, peu importe le nombre de sensations étranges qui se déplacent en vous. Lorsque vous ACCEPTEZ, il n'y aura aucune crainte, même si vous éprouvez les " symptômes " les plus fous.

SURVEILLER VOTRE ANXIÉTÉ

Lorsque vous invitez votre anxiété à venir s'asseoir à côté de vous, vous vous donnez l'occasion de l'observer. Vous êtes témoin de tout ce que cela vous fait. Au lieu d'être piégé et paralysé par la peur, devenez un observateur de tout ce que vous vivez. Vous passez de victime à observateur curieux.

Pour cela, il faut s'entraîner un certain temps, mais bien sûr, on peut le y arriver. Bientôt, vous ressentirez ces étranges symptômes sans vous sentir mal à l'aise parce que vous serez occupé à les étudier. Vos pensées iront de la peur à la curiosité.

Et vous pouvez être sûr que rien de mal n'arrivera. Vous savez déjà ce qu'il va se passer... Ce ne sont que des sentiments, et les sentiments ne tuent pas. N'êtes-vous pas soulagé de savoir que vous n'avez plus à essayer de contrôler votre anxiété, mais plutôt à laisser ses caprices couler en vous de façon inoffensive ?

Bientôt, vous serez mieux et vous aurez dépassé cette deuxième étape. Vous le saurez quand vous verrez l'anxiété venir et que vous ne vous sentirez plus pétrifié ou anxieux à ce sujet. Vous aurez peut-être un peu peur, mais vous ne serez pas paralysé par ça.

Il est temps de passer au niveau supérieur.

ÉTAPE 3. SOYEZ EXCITÉ PAR VOTRE ANXIÉTÉ

Même si vous avez suivi les étapes ci-dessus et que vous en êtes au point d'accepter votre anxiété, certaines craintes sont probablement encore présentes dans votre esprit. Elles ne sont peut-être plus aussi intenses, mais au fond, vous pouvez encore percevoir l'anxiété comme une menace, comme quelque chose de vraiment nocif.

Maintenant, dans cette troisième étape, vous devez détruire ces peurs pour toujours en changeant la façon dont vous percevez les signes d'anxiété. Vous devez changer la puce dans votre esprit pour commencer à traiter l'anxiété de façon positive.

Pour comprendre cela, regardez cette expérience que certains psychologues ont faite. Les participants de deux groupes différents ont été informés qu'ils testaient les effets d'un médicament pour améliorer leur vue. Ce qu'ils ne savaient pas, c'est qu'on leur injectait en fait de l'adrénaline. L'adrénaline provoque une augmentation de la tension artérielle et du rythme cardiaque. Il met beaucoup d'énergie dans le corps et l'esprit.

Les deux groupes ont été séparés dans des salles différentes. Dans chaque pièce, ils ont mis un acteur. Dans le premier groupe, l'acteur a fait semblant d'être euphorique, plein de joie, d'énergie et d'excitation. Dans le second groupe, l'acteur a adopté une attitude de peur, de frustration et d'anxiété. Je suis sûr que vous avez deviné ce qui s'est passé... Dans le groupe de l'acteur euphorique, tous les participants sont devenus euphoriques et excités, tandis que dans la salle de l'acteur anxieux, tout le monde a été anxieux et effrayé.

Qu'est-ce que cette expérience a prouvé ? Tout le monde avait une charge supplémentaire d'adrénaline, donc leur esprit et leur corps étaient chargés d'une grande excitation nerveuse. Mais la façon dont ils ont développé leur trouble nerveux a changé en fonction de ce qu'ils ont perçu à travers l'acteur. Chaque groupe a interprété ce qu'il ressentait différemment, grâce à un stimulus qui l'a amené à percevoir ce qui lui arrivait de façon différente.

Le test a montré clairement que ce ne sont pas les sensations corporelles que nous ressentons qui déclenchent nos réponses émotionnelles, mais que c'est notre perception de ces sensations qui détermine nos sentiments et nos réponses.

Il en va de même pour l'anxiété. La façon dont vous la percevez influence la façon dont vous la canalisez. Si vous la percevez comme quelque chose de terrible qui vous effraie, votre corps et votre esprit s'adapteront à l'angoisse et à la peur. Si vous percevez que vous êtes plein d'euphorie et d'énergie, alors votre corps et votre esprit la canaliseront également de cette façon. Si vous êtes excité par l'anxiété, votre corps et votre esprit seront excités, mais pas effrayés.

À ce stade, vous devriez commencer à changer dans votre esprit la façon dont vous percevez l'anxiété. Vous devriez le recevoir avec émotion, excitation et un peu d'euphorie. Faites attention, nous ne vous demandons pas de devenir dépendant à cela ou quoi que ce soit d'autre.

Ce que nous cherchons, c'est qu'à chaque fois que l'anxiété apparaît, que toute l'énergie qu'elle injecte provienne d'une perception différente, et qu'elle utilise toute cette énergie pour aller dans une autre direction, une direction contraire à la peur et à l'anxiété et qu'elle soit plus proche de la joie et de l'activité.

Rappelez-vous que l'anxiété est une vague d'énergie qui circule dans votre corps. Cette énergie ne vous fera aucun mal. C'est votre interprétation de cette énergie qui en fait un problème pour vous et vous piège dans le cercle vicieux de la peur.

Après tout, la peur et l'émotion sont les deux faces d'une même médaille. La clé est d'apprendre à faire passer la perception de ces sentiments du négatif au positif. Mettez la pièce sur le côté droit. Lorsque vous aurez appris à percevoir votre anxiété comme une manifestation d'un haut degré d'énergie en vous que vous pouvez gérer à volonté, le sentiment de menace s'effondrera.

Lorsque l'anxiété est là, tout le système nerveux est rempli de cette énergie. Laissez-la couler en vous entièrement, mais changez la puce. De la peur à l'émotion, de l'angoisse à la joie et à l'émotion.

Une bonne pratique dans le cadre de cette troisième étape est de répéter dans votre esprit quelque chose comme ceci :

"Je suis excité par ces sentiments."

Répétez ceci plusieurs fois jusqu'à ce que vous commenciez à ressentir un changement dans la façon dont vous percevez cette énergie nerveuse.

Mais ne le dîtes pas simplement. Profitez de l'énergie qui circule dans votre corps. Remuez-vous, dansez, sautez. Faites quelque chose d'heureux et d'intense qui vous fait libérer toute l'énergie qui circule en vous. Si vous êtes au bureau, vous pouvez aller aux toilettes ou dans un endroit où vous pouvez le faire seul. Dans le cas où vous seriez timide et que vous ne voudriez pas être regardé bizarrement.

Il ne s'agit pas de permettre au cerveau de mal interpréter les sentiments d'anxiété, ni de les percevoir comme une menace.

Au lieu de cela, vous devez "tromper" votre esprit anxieux, jouer avec lui pour qu'il éprouve des sensations différentes.

De cette façon, vous enseignerez à votre cerveau émotionnel ce qui suit : " Il n'y a pas de menace.

Je ne m'inquiète pas de ces sentiments. C'est juste une excitation nerveuse. Je l'accueille, la laisse couler en moi et la transforme en quelque chose d'excitant et de joyeux.

Comme nous l'avons déjà mentionné, il importe peu que la répétition de ces phrases ou la réalisation de ces exercices vous semblent être un mensonge. En fin de compte, en les répétant autant, vous obtiendrez les résultats que vous souhaitez. Ça n'a pas d'importance non plus si vous devez faire semblant au début.

Faîtes-le !

Au fil du temps, vous verrez comment vous changez finalement la direction de toutes les sensations qui s'accumulent en vous. Il est très important que vous fassiez cela, parce que lorsqu'il y a de l'anxiété, il y a de l'énergie et de l'énergie et plus d'énergie qui circule dans le corps, l'esprit et le système nerveux.

Toute cette énergie doit être transformée, parce que lorsque vous êtes piégé en vous, si vous êtes paralysé par la peur, cela vous fera vous sentir encore plus mal. C'est une des raisons pour lesquelles vous vous sentez toujours fatigué.

Alors, à partir de maintenant, soyez excité par votre anxiété !

Laisse tout sortir, mais avec euphorie et joie.

ETAPE 4. EN PRENDRE SOIN

Vous devriez maintenant avoir appliqué les trois étapes précédentes de notre méthode et vous devriez être sur la bonne voie. Mais votre esprit anxieux peut vouloir vous trahir et chercher des moyens de vous ramener dans cet état de paralysie et de peur dans lequel vous étiez autrefois.

Cette quatrième étape est courte, mais extrêmement cruciale, car elle représente votre arrivée au BUT. Vous avez fait presque fait tout le chemin, mais il vous en manque un peu. Cette phase finale est conçue pour garder votre esprit anxieux loin de vous, afin que votre système nerveux puisse finir de se détendre et de se stabiliser. Cette étape est celle qui vous apprend à ne pas RECHUTER.

La clé, à ce stade, est d'engager votre esprit dans quelque chose de productif, quelque chose d'utile qui attirera votre attention et maintiendra votre vie malgré les menaces anxieuses.

Il ne s'agit pas d'être distrait, d'éviter l'anxiété par une distraction. Il est très important que vous soyez clair sur le fait qu'il s'agit de quelque chose de très différent d'une distraction. Le but de s'en OCCUPER est de montrer à votre esprit que l'anxiété ne vous empêchera pas de vous occuper de votre vie réelle, de vos occupations et de vos activités. Montrer à l'anxiété que même si elle est là, votre vie continue.

Elle ne vous paralysera pas. Vous ne vous souciez pas d'elle, alors vous insistez pour prendre soin de vous.

La chose la plus importante ici est de ne pas rester inactif. L'oisiveté agit contre le rétablissement. Si vous êtes inactif, oisif et ne faites que penser, il y a de fortes chances que des pensées anxieuses, craintives et menaçantes essaient de reprendre une place importante dans votre tête.

Lorsque vous n'êtes pas occupé, vous allez probablement commencer à " vérifier " si vous allez bien, à " faire un bilan " de votre corps et votre esprit pour voir si quelque chose ne va pas ou à essayer de vous convaincre que tout va bien. Et ce n'est pas l'idée. Souvenez-vous que tout cela ne devrait plus vous importer, mais l'esprit anxieux est insensé et a tendance à rechuter.

Il y aura des moments où l'état d'anxiété, le bouleversement, les peurs, voudront venir vous hanter. Mais vous ne devez pas rechuter. Ne soyez pas angoissé, laissez faire. Rappelez-vous que l'anxiété est un mécanisme naturel, donc toujours latent.

L'essentiel ici est de ne pas lui accorder la moindre importance et, conscient qu'il n'est pas nuisible, de vous occuper dans vos activités quotidiennes et de ne pas vous paralyser.

Supposons que vous êtes dans votre bureau, à la maison ou dans un lieu public et que vous sentez soudainement une poussée d'anxiété se manifester. Peut-être votre cœur est-il effrayé ou votre esprit est-il rempli de pensées négatives.

Si l'anxiété apparaît à ce moment, vous savez comment désamorcer la peur initiale en ne lui résistant pas, en vous déplaçant avec elle et en la laissant être.

Vous savez que vous devez permettre à l'anxiété d'être présente, d'accepter qu'elle est là avec vous. Vous savez que vous devez canaliser et libérer sous forme d'émotions positives l'énergie qu'elle apporte avec elle.

Mais à ce stade de votre " formation ", ce que vous devez faire ensuite, c'est vous concentrer sur une tâche spécifique.

Concentrez-vous à nouveau sur ce que vous faisiez. Si vous étiez au travail, appliquez-vous à une tâche spécifique. Si vous êtes à la maison à faire du travail, refaites-le, concentrez-vous sur ça. Ne vous figez pas. Si vous étiez inactif, trouvez quelque chose à faire.

Appelez un ami, allez courir, nettoyez votre placard. Occupez-vous de quelque chose d'utile et montrez à votre anxiété à l'idée que votre vie continue et que vous ne vous en souciez pas.

Si vous ne vous occupez pas, vous risquez de tomber dans l'auto analyse, de trop penser, de vérifier si quelque chose ne va pas, d'analyser chaque petite sensation. Occupez-vous, faites quelque chose d'utile pour vous, tout en donnant à l'anxiété un coup de grâce en lui disant que votre vie continue et est pleine et que vous êtes en contrôle. Pas elle.

CONCLUSIONS SUR LES QUATRE ÉTAPES

Si vous avez osé suivre le chemin avec nous et avez déjà mis les quatre étapes en pratique, nous sommes sûrs que vous vous sentirez beaucoup mieux. Vous avez probablement maîtrisé votre anxiété au lieu qu'elle vous domine, et il est certain que la peur a diminué, si elle n'a pas complètement disparu.

Mais nous savons que certaines personnes sont plus résistantes pour sortir de l'anxiété, soit à cause de leur propre nature, soit parce qu'elles sont bloquées, soit parce qu'elles sont sceptiques face aux solutions que nous proposons, soit simplement parce que le niveau de leur trouble est déjà plus avancé et qu'elles ont plus de difficulté à avancer.

Peu importe, ne faiblissez pas. Continuez à répéter les étapes encore et encore. Et gardez à l'esprit que ça ne s'arrête pas là. Dans la prochaine partie, nous vous donnerons plus d'outils pour obtenir le soulagement dont vous avez besoin.

Mais d'abord, nous allons rafraîchir un peu ce que vous avez appris jusqu'à présent, revoir les clés de ce que nous vous avons appris et ajouter quelques recommandations qui vous aideront à mieux comprendre les quatre étapes et à les mettre en pratique plus facilement.

RECOMMANDATIONS SUR LES QUATRE ÉTAPES

- N'analysez pas autant chaque étape. Suivez-les, quoi qu'il arrive. Ne vous posez pas des questions comme "Est-ce que je le fais bien ? Dois-je essayer de la faire plus durement? Est-ce que ça marche ?"

- Appliquez les étapes chaque fois que vous vous sentez anxieux. Ne vous arrêtez pas. Habituez votre corps, votre esprit et votre propre anxiété à votre nouvelle attitude.

- Si vous arrivez à vous détendre avec les quatre étapes et que vous sentez l'anxiété revenir après quelques minutes, suivez les étapes à nouveau. Nous insistons, faites-le à chaque fois. Cette répétition rendra le processus plus rapide, plus facile et plus naturel.

- Gardez cette méthode toujours " à portée de main " et utilisez-la chaque fois que vous en avez besoin. C'est comme un outil que vous n'êtes peut-être pas aussi habile à utiliser au début, mais avec de la pratique, vous deviendrez un expert.

- Utilisez vos propres phrases. Lorsque nous vous disons de répéter des phrases à l'interne ou à haute voix pour manifester les idées des quatre étapes à votre cerveau, vous n'avez pas à le prendre au pied de la lettre. Créez vos propres expressions avec lesquelles vous vous sentez plus à l'aise et avec une langue qui est plus habituelle pour vous.

LES CLÉS DES QUATRE ÉTAPES

- Ne résistez pas à l'anxiété. N'évitez pas l'anxiété. Ne fuyez pas l'anxiété. C'est un mécanisme naturel qui sera toujours présent en vous. Essayer de la bloquer et de s'enfuir lui donnera plus de force. Vous devez vous déplacer avec elle comme une vague.

- Acceptez l'anxiété. Laisse-la être là avec vous. Invitez-la à entrer. Accueillez-la. Peu importe à quel point elle vous fait vous sentir mal, laisse-la juste être là parce que vous savez qu'elle est inoffensive.

- Joue avec elle. Jouez avec l'image que vous avez d'elle. Dessinez mentalement une caricature qui représente votre anxiété. Ridiculisez-la, moquez-vous d'elle. C'est la meilleure façon pour vous d'apprendre à perdre le respect que vous avez pour elle, d'oublier le respect que vous avez pour elle et de pouvoir vous moquer d'elle afin que votre esprit s'habitue au fait qu'il n'y a rien à craindre, parce qu'elle est ridiculement inoffensive.

- Soyez excité de votre anxiété. Utilisez toute l'énergie qu'elle infuse dans votre corps et votre esprit pour exprimer des sentiments positifs. Ne gaspillez pas toute cette énergie en la laissant en vous. Transformez ça en quelque chose de positif. Faites-la sortir. N'oubliez pas qu'en laissant toute cette énergie être emprisonnée dans votre corps, vous vous sentirez mal et fatigué. Bouger, sauter, danser, transformer tous ces sentiments en émotions positives. Lâchez l'anxiété pour que votre cerveau apprenne qu'elle n'est pas une menace, que vous ne devez pas en avoir peur.

- Quand l'anxiété veut revenir, ne rechutez pas. Prenez-en soin. Mettez votre esprit à faire quelque chose d'utile. Continuez l'activité que vous faisiez au moment où elle s'est produite, ou faites simplement quelque chose de nouveau si vous ne faisiez rien. Mais ne laissez pas l'oisiveté être un champ ouvert pour que l'anxiété revienne. Montrez à votre cerveau anxieux que votre vie continue et que l'anxiété n'a pas d'importance, qu'elle ne vous paralysera pas et qu'elle ne vous contrôlera plus jamais.

- Répétez ces étapes aussi souvent que nécessaire jusqu'à ce que vous soyez un expert, et lorsqu'un signal d'anxiété approche, n'ayez pas peur, ne soyez pas effrayé et ne pensez pas que c'est une menace. Vous serez alors en contrôle de toutes ces énergies qui circulent en vous, et l'anxiété sera quelque chose de si mineur que vous n'y prêterez guère attention.

Félicitations pour être arrivé jusqu'ici. Maintenant, lisez la suite pour mieux comprendre ce qui vous arrive et apprendre comment faire face à certaines situations que l'anxiété nous fait vivre.

PARTIE 2. LES "SYMPTÔMES" DE L'ANXIÉTÉ ET COMMENT LES TRAITER

DES TECHNIQUES POUR FAIRE FACE AUX " SYMPTÔMES " DE L'ANXIÉTÉ

Dans ce chapitre, nous allons expliquer de façon claire et simple ce qui se passe à l'intérieur de notre cerveau lorsque nous subissons ces ennuyeuses crises d'angoisse. Et quelles sont les réactions appropriées que nous devrions mettre en pratique, dans le cadre des quatre étapes apprises jusqu'à présent.

Comme nous l'avons expliqué précédemment, l'anxiété est une énergie nerveuse qui circule à l'intérieur de notre corps, mais qui ne circule pas normalement mais à grande vitesse et avec une grande intensité. Nous avons l'impression que l'on nous a injecté de l'adrénaline, tout comme nos amis l'ont vécu dans l'expérience dont nous vous avons parlé à l'étape 3.

Vous devez également vous rappeler que lorsque nous avons une anxiété généralisée ou que nous souffrons de crises d'anxiété, le cerveau s'active et commence à envoyer les mauvais signaux, car il est trompé par l'anxiété. Le cerveau "pense" qu'il faut le mettre en alerte comme s'il y avait une menace.

Ces signaux du cerveau et toute l'énergie qui circule en nous font que notre corps réagit, et parfois il réagit de la façon la plus folle. Notre corps confus cherche un moyen de réagir à tous ces stimuli et à tous ces mauvais signaux. C'est alors que nous commençons à ressentir une série de symptômes des plus étranges.

Chaque personne manifeste ou extériorise des symptômes différents, selon sa personnalité, le niveau d'anxiété dont elle souffre, ses peurs, son état physique ou de santé, son degré de fatigue, etc. Cependant, même si de nombreuses personnes souffrant d'anxiété éprouvent les sensations les plus folles et les plus étranges, il existe certains " symptômes " généraux que la plupart des personnes anxieuses ressentent.

Voici quelques conseils et techniques à utiliser chaque fois que l'un de ces symptômes se manifeste. Ces techniques sont basées sur les quatre étapes, mais ajouteront certaines variations ou détails. Bien que cela puisse sembler répétitif, il est nécessaire de renforcer le concept de la méthode dans des situations particulières.

Nous allons aussi essayer de vous faire comprendre pourquoi votre corps vous fait vivre ces sensations. Nous voulons qu'il soit clair que lorsque nous disons symptômes, nous voulons dire sensations, et que ce ne sont pas des " symptômes " comme pour une maladie.

Nous devons également préciser qu'il est toujours bon d'aller chez le médecin pour un examen, mais de façon préventive et non pas parce que vous suivez des pulsions hypocondriaques, qui sont très fréquentes chez les personnes souffrant d'anxiété généralisée.

PREMIÈREMENT : LES " SYMPTÔMES " PHYSIQUES

1. LES CRISES DE PANIQUE

Les crises de panique surviennent chez les personnes ayant un niveau d'anxiété élevé. Disons que sur une échelle supposée de 1 à 10, une personne ayant un niveau d'anxiété de 8 ou plus vit probablement des crises de panique.

Pour comprendre ce que cela signifie de vivre quelque chose d'aussi désagréable qu'une crise de panique, il faut le ressentir soi-même. Les crises de panique sont inoubliables, parfois difficiles à expliquer. Mais si vous en avez déjà eu, vous savez de quoi on parle.

C'est quoi une crise de panique ?

Rappelez-vous quand nous avons dit que l'anxiété est un mécanisme de défense. L'homme, dans notre histoire, menacé par une bête ou un élément de la nature, était dans un état d'alerte et son corps et son esprit se préparaient à réagir en combattant ou en fuyant.

Lorsqu'une personne anxieuse a une crise de panique, c'est dû à une activation fausse et inutile de cette réaction de combat ou de fuite.

Les crises de panique surviennent soudainement et ce sont quelques-unes des sensations que nous éprouvons :

- Palpitations, extrasystoles et tachycardie

- Engourdissement et picotements

- Transpiration abondante

- Tremblements

45

- Douleurs thoraciques et sensation d'étouffement

- Nausées et vertiges

- Sentiment d'irréalité

- Frissons et suffocation

- Mais surtout un sentiment intense que nous sommes sur le point de mourir ou que quelque chose de très mauvais va arriver

Lorsqu'une personne subit sa première crise de panique, une peur incontrôlable de la voir se reproduire est immédiatement fixée dans son cerveau. La première chose que nous devons vous dire est que peu importe à quel point elles sont désagréables, peu importe à quel point elles vous font vous sentir mal et peu importe à quel point vous avez peur d'elles, les crises de panique sont inoffensives.

Personne ne meurt d'une crise de panique. Rien d'horrible n'arrive quand vous avez une crise de panique, au-delà de la peur et des sensations qu'elle vous fait vivre.

Les crises de panique ne sont pas vos ennemis, elles sont les réponses de votre corps et de votre cerveau qui essaient de vous protéger. C'est un ancien mécanisme de protection biologique qui libère beaucoup d'hormones de stress afin que vous puissiez combattre une menace ou avoir la capacité de vous enfuir aussi vite que possible.

Le mécanisme était très utile quand nous devions échapper à une bête derrière un arbre, mais si vous êtes seulement dans le métro, le bus ou au travail, vous n'avez pas besoin de toutes ces hormones et de ces réponses.

QUE FAIRE EN CAS DE CRISE DE PANIQUE

Lorsque vous sentez la terreur imminente s'approcher, vous êtes sûr de vous poser les questions typiques de l'étape 1, telles que

"Et si... j'avais une crise cardiaque ?"

La première chose que vous devez faire est de vous rappeler ce qui suit :

Que se passe-t-il à chaque fois que vous avez une crise de panique ?

Que s'est-il passé après que vous ayez senti que vous ne pouviez plus la supporter ?

La réponse sera la suivante : Et alors... Il ne se passe jamais rien."

Et c'est vrai. Cela vous fait atteindre un sommet et puis il ne s'est rien passé au final.

Peu importe l'intensité de la prochaine crise de panique que vous verrez venir, elle finira par disparaître sans vous faire de mal.

Vous devez garder à l'esprit que tous les médecins, les psychologues, les psychiatres et beaucoup de gens qui ont déjà eu des crises de panique savent qu'elles sont inoffensives. Donc vous devez être sûr de ça aussi.

DEMANDEZ-EN ENCORE PLUS A LA PANIQUE

Pour fixer cette connaissance dans votre esprit, pour le convaincre que la crise de panique est inoffensive et que rien ne se passe jamais, vous devez mettre cette technique en pratique.

Le secret est de se débarrasser de la peur, d'arrêter d'avoir peur des sensations. Lorsque vous avez une crise de panique, vous devez être " excité " par l'anxiété encore plus fortement.

Vous vous souvenez quand nous avons dit à l'étape 3 que vous devriez être excité, libéré de toute cette énergie ?

Lorsque vous ressentez une crise de panique, excitez-vous, courez vers elle, demandez-lui de vous en donner plus, précipitez-vous, poussez-la, exigez-en plus, demandez-lui de devenir plus agressive.

Vous pouvez vous dire intérieurement des phrases comme :

"Allez ! Qu'est-ce que tu vas me faire ?

J'en veux plus !

Montre-m'en plus !"

En même temps que vous parlez à votre panique, vous pouvez "vous jetez au sol". Allongez-vous sur le sol, tombez, exigez que la crise de panique fasse ce qu'elle peut vous faire de pire, qu'elle vous " tue ".

Peut-être qu'en lisant ceci, vous ressentirez de la peur ou du rejet et vous vous direz : " Pas question que je demande à la crise de panique de m'en donner plus. J'en ai assez." Mais ne résistez pas. Nous ne vous demanderons rien qui puisse vous blesser. C'est le moyen le plus rapide de tuer les crises de panique.

Faîtes-le !

En faisant cela, votre niveau d'adrénaline et de stress augmentera, mais il atteindra son plus haut niveau et commencera éventuellement à baisser. En attendant, vous devez être conscient qu'en faisant cela, vous n'êtes pas en danger. Vous traverserez également le processus en étant pleinement conscient de ce qui vous arrive, en le comprenant logiquement.

Il se peut que vous commenciez à sentir le coup de vent de panique revenir après que l'intensité ait baissé. C'est parce que votre sang transporte encore ces substances qui produisent une excitation nerveuse. Vous devez attendre quelques minutes pour qu'ils disparaissent, et pendant ce temps, bougez, sautez, chantez, faites quelque chose pour vous aider à libérer de l'énergie.

En agissant de cette façon, vous provoquerez une sorte de court-circuit qui fera baisser l'interrupteur de la peur. La partie rationnelle de votre cerveau enverra un signal à la partie émotionnelle de votre cerveau. Il vous montrera qu'il n'y a vraiment aucun danger. Le cerveau émotionnel éteindra les signaux d'alarme et commencera à rejeter l'idée de les réactiver.

La plupart des gens n'ont plus jamais de crise de panique après avoir pratiqué cette technique deux ou trois fois. Et quand les crises de panique disparaissent, cela signifie que le niveau d'anxiété est maintenant sur une échelle plus basse.

2. SENSATIONS DANS LE CŒUR

La plupart des personnes qui souffrent d'anxiété ou de crises de panique ont, à un moment donné, craint pour la santé de leur cœur. En effet, ils éprouvent constamment des sensations telles que des palpitations, de la tachycardie, des flips ou des changements de rythme cardiaque.

Vous faites probablement partie de ceux qui sont allés chez le médecin pour vérifier votre santé cardiaque et on vous a probablement dit que tout était en ordre. Mais parce que vous ressentez encore ces étranges palpitations et mouvements dans votre poitrine, voire une sensation d'oppression, vous craignez d'avoir un problème que le médecin n'a pas pu diagnostiquer.

PALPITATIONS

Les palpitations sont des moments où le cœur se met soudainement à battre plus vite que la normale, pendant une courte période. Cela déclenche des alarmes parce que vous pensez que vous pourriez avoir une crise cardiaque. Lorsque vous commencez à ressentir de la peur, le cœur commence peut-être à battre plus vite, puis vient la tachycardie.

Vous devez savoir que les palpitations sont complètement naturelles et qu'elles arrivent à la plupart des gens. Elles sont parfois causées par l'épuisement, parfois par des stimulants comme le café. Parfois, le cœur cherche simplement un moyen de se réinitialiser. N'ayez pas peur des palpitations. Votre cœur est un muscle très fort et il ne s'arrêtera pas ou n'explosera pas soudainement juste parce que vous avez eu des palpitations.

RETOURNEMENTS OU EXTRASYSTOLES

Ce sont des battements perdus, ce qui signifie que le rythme change soudainement et qu'il y a un temps supplémentaire entre les temps normaux. Lorsque vous ressentez cela, votre cœur peut aussi être plus excité et commencer à battre plus vite. Vous pouvez geler de terreur. Mais n'ayez pas peur. D'habitude, ce genre de battement de cœur est inoffensif.

N'oubliez pas que votre cœur, aussi fort et sain soit-il, n'est pas une machine parfaite, ni une montre suisse. Parfois, il change de rythme. Il va accélérer ou ralentir. Vous pouvez avoir un rythme de plus ou un rythme de moins. Ça n'a pas d'importance. Il ne se passera rien. Ce sont juste des changements normaux qui se produisent dans le cœur de chacun.

QUE FAIRE EN CAS DE PALPITATIONS ET D'EXTRASYSTOLES

Lorsque des palpitations, des tachycardies ou des extrasystoles apparaissent, des questions vous viennent immédiatement à l'esprit. "Que se passerait-il... si mon cœur ne s'arrête pas de battre vite et s'arrête soudainement ?

Et la réponse doit être quelque chose comme : " Et alors ! Je sais que mon cœur est en bonne santé. C'est juste que c'est un moment différent."

L'important est d'écarter de l'étape 1 la peur initiale qui vient quand on se demande ce qui pourrait se passer. Minimisez simplement la question. Laissez votre cœur battre à un rythme qui vous convient. N'essayez pas de contrôler votre rythme cardiaque. Laissez votre rythme cardiaque s'écouler, de haut en bas avec votre cœur. Faites-lui confiance. Votre cœur sait ce qu'il fait.

A partir de maintenant, vous pouvez faire un accord verbal avec votre cœur. Vous allez lui dire : "Cœur, je te fais confiance à 100%. Je te laisserai faire ce qui est le mieux pour toi." En permettant à votre cœur de faire ce qu'il veut, vous serez libéré de l'anxiété de vérifier votre rythme cardiaque.

Au cas où ces palpitations se transformeraient en une sensation de panique ou une éventuelle crise de panique, vous savez quoi faire. Courez vers la crise de panique. Excitez-vous et demandez-lui de vous en donner plus. Une fois que vous avez désactivé la peur, activez l'étape 4. Continuez ce que vous faisiez. Occupez-vous de quelque chose. Laissez votre cœur être et faire. Ne vérifiez pas votre pouls, ne vérifiez pas votre battement de cœur. Votre vie continue même si votre cœur fait des choses qui vous semblent étranges.

3. RESPIRATION ANXIEUSE - ÉTOUFFEMENT - OPPRESSION

Quand on est anxieux, on respire mal mais on ne s'en rend pas compte. Une mauvaise façon de respirer provoque toutes sortes de sensations. Étouffement, serrement de poitrine, étourdissements et bien d'autres. Lorsque cela se produit, vous commencez à craindre que vous ayez une crise cardiaque ou que vous suffoquiez en ne pouvant pas prendre votre prochaine respiration.

Si vous faites de l'hyperventilation, tous vos " symptômes " seront déclenchés et vous risquez de désespérer. Mais ne faîtes pas cela. Vous n'allez pas vous étouffer ou avoir une crise cardiaque.

QUE FAIRE FACE À L'OPPRESSION

L'oppression de la poitrine est l'une des plaintes les plus fréquentes chez les personnes anxieuses. Il en va de même pour l'oppression de la gorge, mais comme tous les autres, ce malaise est inoffensif. Beaucoup disent qu'ils ont l'impression d'avoir un poids ou une bande qui appuie sur leur poitrine. D'autres disent qu'ils ont l'impression que quelqu'un leur serre le cou.

Les tensions dans la poitrine et la gorge sont causées par une respiration inadéquate et des problèmes digestifs dus au stress. Si vous êtes anxieux, vos nerfs ont tendance à vous " attraper " par l'estomac. Le stress peut provoquer des reflux ou une mauvaise digestion. Cela peut entraîner un risque de présence de produits chimiques dans votre système digestif.

Ces substances touchent les nerfs dans cette région, et ceux-ci envoient à leur tour des signaux de douleur ou d'inconfort, qui rayonnent ensuite et sont perçus comme une " douleur " ou une oppression dans la poitrine si elle se produit dans l'estomac, et si elle se produit dans l'œsophage, comme une oppression dans la gorge. Quand cela vous arrive, vous avez tendance à penser que vous vous étouffez ou qu'il y a quelque chose qui ne va pas avec votre cœur. Mais c'est juste le système digestif qui envoie des réponses aux niveaux de stress que vous lui injectez.

Vous pourriez vous demander...

"Et si j'avais une crise cardiaque ?

Et si j'ai un problème cardiaque ?

Et si ma gorge se referme si fort que je m'étouffe ?"

Réponse : "Et alors... Rien ne m'est arrivé jusqu'à présent quand j'ai eu ce sentiment. Ce n'est pas mon cœur et je ne vais pas m'étouffer. C'est juste mon estomac."

Alors acceptez les sensations et laissez-les être là... Elles ne vous feront rien après tout. Vous pouvez même les ridiculiser, comme dans l'étape 2, et cela affectera la vision que vous avez de ces sensations. Cela viendra à un moment où elles ne vous rendront pas si mal à l'aise. Moquez-vous d'elles. Si vous les minimisez, vous cesserez d'être aussi tendu et elles partiront

Ne soyez pas paralysé en pensant que votre gorge va se refermer ou que vous allez avoir une crise cardiaque. Continuez votre vie. Demain, vous serez toujours là et vous ne vous sentirez probablement plus comme ça.

QUOI FAIRE QUAND VOUS AVEZ

L'IMPRESSION DE VOUS NOYER ET D'HYPERVENTILER

Les personnes stressées et anxieuses respirent mal. Leur respiration est superficielle. Vous ne vous en rendez peut-être pas compte, mais lorsque vous êtes anxieux, vous respirez plus vite et prenez de l'air plus souvent qu'une personne détendue. Cela fait que votre cerveau se remplit de plus d'oxygène qu'il n'en a besoin et provoque un déséquilibre entre l'oxygène et le dioxyde de carbone dans votre sang et dans votre cerveau.

Ce déséquilibre déclenche des alarmes familières et toutes sortes de sensations qui commencent à vous déranger. Vous avez l'impression que vos poumons ne vous fournissent pas l'oxygène dont vous avez besoin, mais au contraire, vous remplissez votre cerveau avec plus d'oxygène qu'il n'en a besoin.

Ce genre de sentiment vous permet de contrôler votre respiration. Lorsque vous avez une respiration anxieuse, vous pouvez même hyperventiler, c'est-à-dire que votre respiration est si courte et si rapide que le déséquilibre dont nous parlons est beaucoup plus violent et vous finissez par vous stresser encore plus.

Mais nous insistons, ça ne va pas vous tuer. Vous devez juste apprendre à respirer correctement.

En attendant, appliquez l'étape 1 immédiatement lorsque les pensées vous viennent à l'esprit. "Et si... je m'évanouis par manque d'oxygène ou si cela arrive que je ne peux plus respirer ?" Ne laissez pas ça vous inquiéter. Vous pourriez passer des heures et des heures à avoir peur de ne pas pouvoir respirer, mais croyez-nous, vous finirez toujours par respirer.

La bonne réponse devrait être quelque chose comme ceci : " Et alors ! Toutes les fois où j'ai hyperventilé, je ne me suis pas évanoui. Et si je m'évanouis, quelqu'un viendra me chercher ou je me relèverai. Aussi, vous devez comprendre ceci : peu importe vos efforts, vous n'allez pas arrêter de respirer.

La respiration n'est pas volontaire, peu importe les efforts que vous faites pour la retenir, vous ne réussirez pas. Vous finirez toujours par respirer. La respiration est naturelle, elle se fait toute seule, elle n'a pas besoin de vous.

En vous convaincant de cela, vous pourrez continuer à appliquer les étapes même si votre respiration reste agitée, mais le fait d'avoir cette connaissance vous donnera une certaine tranquillité d'esprit et finalement vous devrez vous détendre ou du moins maintenir un niveau qui ne vous amènera pas à subir une crise de panique due à l'hyperventilation.

Essayez de minimiser ce point également. Oubliez votre façon de respirer et continuez votre vie, avec les activités que vous faisiez (étape 4).

Quoi qu'il en soit, à la fin du livre, nous ajoutons quelques conseils qui peuvent vous aider à résoudre ce problème et d'autres également. Mais en attendant, n'oubliez pas d'aborder chaque attaque en suivant les quatre étapes.

4. ÉVANOUISSEMENTS - NAUSÉES - VERTIGES

Les nausées et les vertiges que ressentent les personnes très anxieuses ou paniquées sont généralement causés par leurs problèmes respiratoires. C'est l'un des malaises les plus inconfortables car il vous fait vous sentir vulnérable. Lorsque vous avez des nausées et que vous vous sentez étourdi ou instable, vous pouvez craindre de vous évanouir. Vous avez le sentiment que quelque chose de mal peut vous arriver lorsque vous êtes dans un lieu public entouré d'étrangers.

L'hyperventilation est l'un des principaux déclencheurs de ce type d'évanouissement ou d'instabilité. Vous pouvez même vouloir éviter de faire face à certaines situations parce que vous avez le sentiment que quelque chose de mal pourrait vous arriver alors que vous n'êtes pas dans un endroit que vous considérez comme "sûr".

Attention : il est très rare qu'une personne anxieuse qui ressent ces nausées et ces étourdissements s'évanouisse. L'évanouissement est également un mécanisme de défense lorsqu'une personne a une pression sanguine très basse. Le corps tombe au sol, ce qui facilite l'apport sanguin au cerveau.

N'ayez pas peur. Les évanouissements sont des événements extrêmement rares. Nous doutons fortement que votre cerveau ait besoin de plus de sang qu'il ne lui en faut pour fonctionner, alors n'ayez pas peur de vous évanouir. Ce sentiment est également dû au fait que beaucoup d'adrénaline et d'hormones de stress circulent dans votre sang, car votre cerveau anxieux pense qu'il y a une menace. Mais vous savez que cette menace n'existe pas.

Pour en revenir à notre ancêtre, l'homme préhistorique, imaginez qu'il s'était évanoui à chaque fois que son sang coulait plus vite ou que son adrénaline était d'un million parce qu'il se sentait menacé. L'histoire de l'humanité aurait été différente. Les humains n'auraient pas survécu à l'époque s'ils s'étaient évanouis tout le temps.

QUE FAIRE FACE A LA PEUR DE S'ÉVANOUIR

Lorsque vous vous sentez nauséeux, faible, étourdi, des pensées nuisibles vous viennent et à ce moment là, vous commencez à avoir peur parce que vous pensez que vous allez vous évanouir, éteignez-les immédiatement avec une réponse emphatique : "Et alors ? Si je m'évanouis, je m'évanouis. Je ne peux pas l'empêcher. Dans peu de temps, je me réveillerai à nouveau".

Si vous vous sentez très nauséeux, nous vous recommandons de trouver un endroit pour vous asseoir afin de vous stabiliser. Si vous avez des vertiges ou des étourdissements en conduisant, il est toujours bon de vous arrêter un moment pour essayer de vous stabiliser et de vous orienter avant de continuer à rouler.

En attendant, acceptez ces sentiments en vous disant quelque chose comme : "Je laisse mon corps se sentir nauséeux".

Lorsque la peur de s'évanouir est persistante et qu'elle conduit à une éventuelle crise de panique, il faut alors s'enthousiasmer pour ce sentiment, comme nous l'avons recommandé précédemment pour les crises de panique.

Défiez votre anxiété. Dites-lui de vous faire perdre connaissance. Demandez-lui quelque chose comme :

"Allez-vous me rendre plus faible ? D'ACCORD. Faites-moi m'évanouir maintenant. Allez ! Faites-moi perdre connaissance".

À ce stade, vous pouvez également vous allonger sur le sol. Bien sûr, vous ne perdrez pas conscience. Alors, continuez à défier votre anxiété : "Vous n'allez pas me faire perdre connaissance ? Ensuite, je me lèverai et je reprendrai ma vie".

Il est clair que votre anxiété ne vous fera pas perdre connaissance, peu importe ce que vous demandez. La peur finira par s'estomper si vous pratiquez cette technique plusieurs fois. Après avoir fait cela, vous devriez recommencer à vous occuper, à vous intéresser à quelque chose d'utile et à continuer votre vie même si vous avez un peu le vertige, tant que celui-ci ne présente pas de risque pour cette activité (la conduite automobile, par exemple). Dans ces cas-là, vous savez comment faire, arrêtez-vous un moment pour vous stabiliser et continuez ensuite.

Attention : Il est important de ne pas éviter les situations où l'on commence à se sentir étourdi ou nauséeux. Continuez à faire ces activités même si vous avez peur. Ne les évitez pas, continuez votre vie.

5. NAUSEES

Nous avons déjà mentionné que l'anxiété a un grand impact sur le système digestif et sur la région abdominale. Parfois, les personnes anxieuses peuvent ressentir comme une nervosité au creux de l'estomac, un peu comme lorsqu'on parle de "papillons dans l'estomac". Souvent, cette gêne engendre une peur de vomir et cette peur augmente encore la sensation de nausée, rendant encore plus probable le fait de vomir.

Cette peur des vomissements et des nausées est probablement plus intense lorsque vous êtes loin de chez vous. Chez vous, vous vous sentez plus en sécurité et vous pensez que vous pouvez aller aux toilettes et vomir. Il y a moins de stress à ce sujet et vous n'avez tout simplement pas peur. En n'ayant pas peur, votre estomac se détend. Cependant, si vous vous trouvez dans d'autres endroits ou situations, votre peur augmente car l'envie de vomir est une nuisance beaucoup plus grande et plus inconfortable. Dans tous les cas, nous vous dirons comme d'habitude : les vomissements ou les nausées ne constituent pas un danger. Cela ne vous tuera pas, et si vous vomissez, ce n'est pas la fin du monde

QUE FAIRE FACE À LA PEUR DE VOMIR

Vous savez que la première chose à faire est d'éliminer vos pensées du genre "Que se passerait-il ?

Vous pourriez avoir des idées classiques qui vous viennent en tête comme... "Et si je vomis ?" Répondez à cette peur avec des réponses comme celle-ci : "Ça n'a pas d'importance. J'ai ici un sac dans lequel je peux vomir si besoin est. Ou alors, je vais juste aller aux toilettes et m'en sortir. Ce n'est pas grave, tout le monde a déjà eu envie de vomir".

Après cela, laissez cette sensation couler dans votre estomac comme vous le souhaitez. Ne résistez pas à ce sentiment. Cela réduira votre niveau de stress, et il y a de fortes chances que votre estomac se détende et cesse d'envoyer ces pulsions vers votre cerveau, et que vos muscles abdominaux commencent à se détendre et que les nausées diminuent.

Si vous avez toujours peur de vomir, utilisez cet outil familier et précieux : défiez votre anxiété. Demandez-lui de vous faire vomir. Au début, vous devrez peut-être emporter avec vous un sac en papier dans lequel vous pourrez vomir si nécessaire. Vous ne l'utiliserez probablement jamais, mais le fait de l'avoir sur place vous permettra de vous détendre un peu.

Que vous vomissiez ou non, vous devriez reprendre votre vie en main et vous remettre à vos tâches. N'oubliez pas, ne faites pas attention à ces épisodes. En vous détendant et en perdant vos craintes et vos angoisses, ce sentiment disparaîtra à jamais.

AUTRES SENSATIONS ET SYMPTÔMES

Voici un autre ensemble de sensations, de "symptômes", de malaises et de réactions que votre corps éprouve lorsque vous souffrez d'anxiété ou de crises de panique. Dans les points précédents, vous avez pu voir comment appliquer les quatre étapes lorsque ces désagréments surviennent. C'est à peu près la même chose, mais nous avons voulu décomposer les plus importants pour que vous ayez une idée plus claire de la façon de procéder.

Toutefois, ces autres problèmes dont nous parlerons à l'avenir ne vous seront expliqués que pour que vous puissiez comprendre pourquoi ils se produisent, bien que nous y ajoutions quelques brefs conseils. Mais vous devriez maintenant savoir exactement ce qu'il faut faire lorsque ces symptômes et d'autres apparaissent. Il vous suffit d'appliquer les quatre étapes en faisant correspondre les phrases, les idées et les réponses à la gêne que vous souhaitez traiter.

Nous voulons présenter cette explication supplémentaire afin que votre esprit logique comprenne le mécanisme qui vous amène à éprouver ces étranges sensations. En étant plus conscient de cela, la partie émotionnelle de votre esprit se détendra et vous perdrez la peur de ressentir un quelconque malaise.

TENSION MUSCULAIRE – TREMBLEMENTS

Lorsque votre corps se prépare à se battre ou à s'enfuir, vos muscles se contractent. Surtout ceux du cou et du haut du corps.

Parce que vous ne faites finalement aucun effort physique, cette tension est emprisonnée dans vos muscles pendant trop longtemps, ce qui donne une sensation de tension et de rigidité à votre corps. Parfois, les muscles se mettent même à trembler. Mais ne vous inquiétez pas, vous savez que ce n'est qu'une réaction à l'excès d'adrénaline.

Vous pouvez essayer de vous étirer. Marchez, vous remuer un peu pour libérer l'énergie accumulée. Il est également bon de faire des auto-massages ou de demander à quelqu'un de vous masser pour une totale détente musculaire. Vous pouvez rechercher des tutoriels sur Internet.

TRANSPIRATION

La transpiration est un mécanisme qui permet de garder notre corps au frais. Dans une situation de combat ou de fuite, votre corps a besoin de maintenir une température adéquate pour ne pas surchauffer lorsqu'il faut soit s'enfuir ou faire face à un danger.

Le problème est que, comme il s'agit d'une fausse alerte, vous commencez à accumuler de la sueur inutilement et cela peut même vous causer un certain embarras social, lorsque cela devient perceptible. Et cela peut devenir un cercle vicieux, car l'anxiété de la transpiration peut vous rendre plus nerveux et provoquer encore plus de sueur. Vous devez vous détendre. Essayez de vous calmer et n'y pensez pas trop.

ALLER AUX TOILETTES

Les personnes anxieuses ressentent le besoin d'aller aux toilettes plus souvent que les autres. Cela peut sembler très étrange, mais c'est aussi un mécanisme de défense et de survie. Lorsqu'une personne, comme notre ami préhistorique, devait fuir une menace, elle devait être la plus légère possible et se délester de tout le poids inutile.

La réponse est que cela déclenche l'envie de faire pipi ou même d'évacuer. C'est pourquoi, lorsque nous avons peur ou que nous sommes nerveux, nous sommes attaqués par l'envie d'aller aux toilettes. Bien sûr, vous n'avez pas besoin de décharger quoi que ce soit car vous n'êtes pas en danger réel. Mais en fin de compte, c'est tout aussi inoffensif, même si c'est un peu ennuyeux. Essayez de vous détendre et de vous débarrasser de vos craintes pour que cela ne vous arrive pas.

DIFFICULTÉ À AVALER

Nous vous avons déjà dit que l'anxiété peut provoquer une sensation de tension dans la région du cou. Cette grosseur dans la gorge rend souvent la déglutition difficile, c'est-à-dire que vous aurez du mal à avaler lorsque vous essayerez de boire ou de manger.

À l'intérieur de la gorge se trouve un muscle, et si vous êtes stressé et tendu, les muscles le sont aussi. C'est pourquoi vous avez l'impression que quelque chose vous étouffe. Comme pour tout le reste, la clé est de se détendre.

Si cette grosseur dans votre gorge vous ennuie beaucoup à l'heure du déjeuner, essayez ce qui suit. Mâchez, mâchez, mâchez. En fin de compte, avaler, l'acte d'avaler, est un réflexe naturel, vous finirez donc certainement par avaler de nouveau. Votre gorge ne se fermera pas au point de ne pas vous laisser manger.

N'oubliez pas que vous devez toujours essayer de vous détendre. Vous savez que l'oppression n'est pas une maladie. Un bon exercice pour relâcher la tension est de chanter beaucoup. Chanter pour diminuer la tension musculaire autour du cou et de la gorge.

MAUX DE TÊTE (DOULEUR DANS LA TÊTE) - MIGRAINE

Un niveau élevé d'anxiété et de stress provoque des maux de tête qui peuvent se transformer en migraines. Quand on dit migraine, on parle d'un mal de tête beaucoup plus intense qui vous rend plus sensible à la lumière, au son et au mouvement.

Par exemple, si vous travaillez devant un ordinateur, votre migraine peut être déclenchée en regardant constamment les lumières de votre écran.

Les maux de tête de type tension sont les plus fréquents. Ces douleurs sont causées par un durcissement des muscles du cou, de la tête et du haut du dos. Les personnes souffrant de migraines chroniques souffrent aussi généralement de stress, d'anxiété et même de troubles dépressifs.

L'anxiété peut déclencher des céphalées de tension car en vous maintenant dans le stress et la détresse, la tension musculaire est toujours présente.

Bien que ce soit le médecin qui doive vous donner des instructions sur ce qu'il faut faire en cas de maux de tête persistants ou de crises de migraine, nous vous recommandons d'essayer de vous faire un massage doux du bout des doigts sur votre cuir chevelu et aussi sur la nuque pour relâcher la tension qui irradie la douleur à votre tête.

VISION FLOUE

Le stress, la peur, l'anxiété et la panique provoquent une dilatation rapide des pupilles. Cela provoque une vision floue, bien que cela puisse également résulter d'une fatigue oculaire, si vous vous fatiguez les yeux pendant longtemps ou lorsque les muscles de vos yeux commencent à perdre de leur élasticité avec l'âge.

L'anxiété provoque souvent une vision trouble, mais si elle s'accompagne d'autres symptômes tels que des larmoiements ou des écoulements, vous devez faire examiner vos yeux par un médecin.

N'oubliez pas que lorsque vous êtes dans un état d'anxiété, vous avez tendance à être plus fatigué. Votre vue se fatigue également, ce qui peut entraîner une vision floue. De nos jours, beaucoup de gens se fatiguent les yeux à cause de leur travail sur un ordinateur.

Si vous êtes une personne anxieuse et que vous travaillez devant un ordinateur, vous aurez très probablement le symptôme de la vision floue. Nous vous recommandons, lorsque vous avez l'impression de trop forcer votre vision, d'essayer de vous détendre un peu, de fermer les yeux et de les laisser se reposer quelques minutes, puis de continuer à faire ce que vous faisiez.

JAMBES FAIBLES OU TREMBLANTES

Une autre expérience étrange qu'apporte l'anxiété est la sensation que vos jambes sont comme de la gelée. On a l'impression qu'elles deviennent fragiles, faibles. On a l'impression qu'elles peuvent se plier et vous faire tomber.

Cela est dû à l'adrénaline qui est libérée dans votre corps. L'excès de cette substance peut imprimer une sensation de faiblesse sur vos muscles, en particulier ceux des jambes. Lorsque les gens sont nerveux, ils ont tendance à penser qu'ils ne peuvent pas se tenir debout, que leurs jambes ne sont pas assez fortes pour les maintenir debout.

Mais c'est le contraire. C'est un signe que vos jambes sont prêtes à bouger, à courir, à s'enfuir ou autre. C'est pourquoi il ne faut pas avoir peur de se lever et de marcher. Si vous marchez et que vous commencez à sentir vos jambes semblables à de la gelée, continuez à marcher. Continuez à marcher. Vous n'avez pas besoin de trouver une place pour vous asseoir, car si vous le faites, vous renforcerez l'idée que vos jambes sont faibles.

Vous devez vous entraîner sur cette partie et continuer à marcher. Peu importe si vous sentez que vos jambes sont faibles ou qu'elles vous lâchent à tout moment et vous font tomber.

Plus vous le ferez, plus votre cerveau saura que vos jambes sont réellement prêtes à vous tenir debout aussi longtemps que vous le souhaitez.

PICOTEMENTS - FOURMILLEMENTS

Les fourmillements se produisent généralement au début des crises de panique, mais ils apparaissent aussi simplement lorsque vous êtes anxieux. C'est une sensation rare, comme si de petites aiguilles vous piquaient partout sur le corps.

En médecine, cela s'appelle la paresthésie. Vous devez savoir que ce phénomène n'est pas dangereux et n'a aucun effet physique, alors ne vous inquiétez pas. C'est parfaitement naturel, et lorsque votre niveau d'anxiété sera redevenu bas, cela disparaîtra.

DEUXIÈMEMENT : LES TROUBLES

MENTAUX

Toutes les sensations, les angoisses, les pensées négatives récurrentes, les états d'anxiété, de peur ou de fausses menaces que vous ressentez lorsque vous souffrez d'anxiété, épuisent votre esprit.

Dans cette partie de notre livre, vous apprendrez que toutes les perturbations mentales, ces craintes de perdre le contrôle, ces pensées négatives et catastrophiques qui vous traversent l'esprit à maintes reprises, ne sont pas des signes de maladie psychiatrique ou autre.

C'est simplement que votre esprit est très fatigué et qu'il envoie de mauvaises réponses et de mauvais signaux, tout comme votre corps face au stimulus de la peur.

Les pensées récurrentes et catastrophiques vont et viennent. On commence à craindre de perdre le contrôle, de devenir fou. Vous commencez à ressentir du désespoir à l'idée que vous serez comme ça pour toujours. Vous avez peur de vous retrouver dans un asile psychiatrique.

Les pensées hypocondriaques arrivent, vous pensez que vous êtes malade et que vous pourriez mourir. Peut-être que vous êtes déprimé. Vous vous sentez triste, accablé et désespéré. Vous avez peur de sortir et de faire les activités que vous aviez l'habitude de faire normalement.

Vous voyez le monde d'une manière différente : les lumières, les couleurs, les gens, tout vous semble différent. Vous avez l'impression d'être piégé dans un monde irréel. Il semble parfois que vous ne vous connaissez pas vous-même, que vous êtes étranger à vous-même.

Nous savons à quel point cela peut être désagréable et dévastateur. Mais ne vous inquiétez pas. Gardez à l'esprit que tout cela est le produit d'un esprit angoissé et fatigué.

Lorsque des questions comme "Et si je devenais fou et que je me retrouvais enfermé dans un asile" vous viennent à l'esprit, n'acceptez pas de réponse chaotique. Appliquer la méthode. Suivez les étapes. Créer une réponse qui fera tomber cette peur et ce désespoir.

Cela peut être une plaisanterie sur votre folie, sur votre camisole de force, ou de toute autre chose qui rend la question moins importante.

N'oubliez pas que vous devez aussi vous exciter et courir vers les sensations, même si elles sont ennuyeuses. Si nécessaire, défiez votre anxiété de devenir "plus fou". Elle n'y arrivera pas. Vous ne perdrez pas le contrôle et ne serez pas enfermé. Suivez les quatre étapes et tout cela s'évanouira.

Comme dans la partie précédente, nous allons maintenant décrire certaines des sensations ou altérations qui "attaquent" le plus souvent l'esprit lorsque vous êtes dans un état d'anxiété. Ces informations vous aideront à comprendre la nature de ces sentiments et à vous rendre compte qu'ils ne sont pas sérieux et qu'il existe une solution à tout.

Nous vous donnerons quelques recommandations lorsque ces situations se présenteront, mais n'oubliez pas : si vous respectez la méthode, votre degré d'anxiété diminuera jusqu'à ce que vous deveniez normal et tous ces désagréments appartiendront au passé.

1. PRÉOCCUPATION ANTICIPÉE

Sûrement parce que vous êtes dans un état d'anxiété, vous vous inquiétez toujours à l'avance et anticipez tout événement qui pourrait se produire. Vous vous inquiétez trop, parce que vous pensez trop. Vous anticipez ce que vous allez faire demain et vous avez peur des événements imprévus qui n'existent pas et n'arriveront probablement pas.

Vous ressentez de l'angoisse pour chaque pas que vous faites et êtes plein de doutes. Par exemple, supposons que vous soyez loin de chez vous, au travail ou lors d'une activité sociale. Tout va bien, mais cela peut prendre un peu plus de temps que prévu.

Alors, tous les soucis qui vous attendent se déchaînent. "Et si le dernier bus partait ? Et si je ne trouve pas de taxi, comment vais-je rentrer chez moi ? Vous pensez à prendre des décisions irréfléchies comme partir avant d'avoir terminé ce que vous faisiez. Ou bien vous exercez votre activité sans aucune sérénité parce que vous anticipez les événements.

Revenons au mécanisme de combat et de fuite de notre ami préhistorique. Quelque chose était censé le menacer, il devait donc être attentif à toute éventualité qui pourrait survenir pendant qu'il était occupé à survivre soit en courant soit en se battant.

C'est la même chose qui vous arrive. Vos mécanismes de défense sont en alerte et votre esprit a tendance à anticiper toute situation qui pourrait se produire. Mais vous savez que vous n'êtes pas menacé, alors toutes ces pensées sont infondées. Vous le savez sûrement : ces pensées ne sont pas nuisibles, elles ne font qu'entretenir votre état d'anxiété. Mais à mesure que l'anxiété s'apaisera, les absurdités inquiétantes disparaîtront.

En attendant, faites face à ces inquiétudes en proposant des réponses qui les feront tomber. "Je ne peux pas m'inquiéter de tout. C'est absurde". Moquez-vous des soucis à venir avec des phrases absurdes comme celle-ci : "Et si un météore me tombait dessus alors que je rentre chez moi ?

Tôt ou tard, elles cesseront de vous déranger.

2. LA PEUR DE PERDRE LE CONTRÔLE

Après avoir subi des crises de panique, après avoir gardé l'esprit occupé par des pensées de catastrophe et après avoir éprouvé toutes sortes de sensations étranges, vous commencez à craindre le pire : vous avez l'impression de perdre le contrôle de votre propre esprit.

Peut-être avez-vous peur de commettre un acte de folie, comme de tuer quelqu'un ou de rentrer dans un mur avec votre voiture. Soudain, l'idée vous vient à l'esprit que vous pourriez sortir et crier dans la rue ou vous enfuir sans raison.

L'idée que vous pourriez vous retrouver à l'asile et qu'au bout du compte, même vous ne saurez pas qui vous êtes, est terrible. Croyez ce que nous allons vous dire : vous ne perdrez pas le contrôle et ne finirez pas à l'asile. Vous n'allez pas commettre d'actes de folie.

Lorsque vous vous sentez ainsi, vous devez vous rassurer. Reposez-vous, ne vous tourmentez pas avec ces peurs. Vous devez comprendre la raison de ces craintes. Vous avez l'impression que votre corps est hors de contrôle. Grâce aux hormones de stress présentes dans votre système, vous souffrez de toutes sortes de sentiments. De ce fait, vous croyez que votre esprit vous échappe également, tout comme votre corps qui est lui, "hors de contrôle".

Un moyen clair de savoir que vous ne perdrez pas le contrôle est de passer en revue ce qui s'est passé jusqu'à présent. Vous avez très probablement connu des crises de panique, des tremblements, des peurs et toutes sortes de maux en public. Mais dans ces moments-là, personne autour de vous ne se rendait compte que vous aviez un problème. Vous avez été capable de maintenir un comportement social correct quand cela vous est arrivé. Vous étiez maître de vos actions.

Et vous continuerez à le faire. Répétez toujours dans votre tête : "Je suis maître de mon esprit et de ma vie. Lorsque votre niveau d'anxiété aura baissé, vous vous souviendrez de cette phase comme d'une blague.

3. PENSÉES CATASTROPHIQUES

Dans les crises d'anxiété, il est très fréquent que les gens aient des pensées sombres et catastrophiques, comme si quelque chose de très grave allait arriver. Il est courant de trop s'inquiéter lorsque surgissent des situations qui ne méritaient même pas un peu d'angoisse.

Par exemple, vous perdez le contact avec un être cher pendant quelques minutes et commencez immédiatement à penser que quelque chose de très grave lui est arrivé. Des pensées macabres peuvent également vous venir à l'esprit dans certaines situations. Supposons que vous attendiez le métro sur le quai et que vous vous imaginiez soudain vous jeter sur les rails ou contre un wagon en marche.

Peut-être conduisez-vous et sentez-vous que vous pourriez avoir un accident mortel. Ou bien vous chauffez quelque chose dans le micro-onde et vous pensez qu'il pourrait exploser.

Ignorez ces pensées, écartez-les, découragez-les. Elles sont inutiles et inoffensives. Tout ce qu'elles font, c'est perpétuer vos peurs, si vous les laissez faire.

Mettez-les au repos avec une réponse appropriée. "Je suis déjà ennuyé par toutes ces pensées catastrophiques et effrayantes. Elles sont inutiles, fausses, irréalistes". Ou quelque chose comme ça : "Anxiété, tu es la bienvenue. Si cela vous rend plus heureux de m'envoyer ces pensées sombres et catastrophiques, faites-le. Je sais qu'elles ne peuvent pas me faire de mal". Avec le temps et la pratique de la méthode, ces idées folles cesseront de vous attaquer. Nous le savons parce que nous sommes passés par là.

4. DEPRESSION

Lorsque l'anxiété vous rend si désespéré que vous tombez dans un état de dépression, l'important est de ne pas être paralysé par la tristesse. L'épuisement physique et mental d'une personne souffrant de trouble anxieux la rend plus encline à perdre de l'animosité.

En visualisant un présent et un avenir pleins d'inquiétude et d'incertitude, vous pouvez vous rendre très vulnérable et finir par tomber dans des états dépressifs.

Une fois que vous commencez à pratiquer la méthode que nous vous enseignons et que votre niveau d'anxiété commence à baisser, nous vous assurons que si vous êtes dans un état de dépression, vous allez pouvoir vous en sortir. Parce que vous verrez une lumière au bout du tunnel.

Vous devez toujours appliquer les quatre étapes, qui servent également à affronter les sentiments dépressifs et tristes. N'arrêtez pas de lancer des réponses heureuses, des pratiques intelligentes qui font tomber les pensées anxieuses et déprimées. Répétez des phrases et des idées heureuses dans votre esprit ou à voix haute.

"Je suis heureux, ma vie est pleine, je la maîtrise et je me sens de mieux en mieux." Peu importe si vous pensez que c'est une fausse déclaration. Convainquez-vous que c'est vrai en la répétant encore et encore.

Gardez à l'esprit qu'au sein de la crise d'angoisse, la dépression est souvent une fausse tristesse. Il n'y a pas vraiment de raison pour que vous ressentiez cela. Courage.

5. SENSATION D'IRRÉALITÉ

Beaucoup conviendront que la sensation d'irréalité, après les crises de panique, est le malaise le plus difficile à surmonter lors d'une crise d'angoisse.

En raison d'un manque de synchronisation généré par le stress, elle modifie notre perception du monde. C'est comme si un brouillard déformait la façon dont vos sens perçoivent la réalité et la façon dont vous vous percevez vous-même. Certains la décrivent comme une vision du monde à travers un voile.

Ce sentiment peut être récurrent, persistant et même permanent. Il y a ceux qui ont passé des jours et même des semaines plongés dans ce sentiment d'irréalité. Nous savons à quel point cela peut être pénible. Vous avez l'impression que quelque chose est déséquilibré dans votre cerveau et ne vous permet pas de voir les choses telles qu'elles sont vraiment, comme si vous ne faisiez pas partie du monde extérieur.

À un moment donné, il a dû vous arriver d'interagir avec un proche, un membre de votre famille ou un ami, et soudain vous avez l'impression que le canal a été changé, comme si quelque chose avait bougé et que vous ne voyiez plus cette personne comme quelqu'un de familier mais comme quelqu'un qui vous est étranger. Vous regardez votre environnement et vous pensez qu'il est aussi étranger. Vous vous percevez comme quelque chose d'étrange et d'étranger.

Il y a deux éléments qui déclenchent ce phénomène. D'abord, vous êtes anxieux, angoissé, inquiet. La chimie de votre cerveau est confuse et l'hormone du stress reste dans votre système. Deuxièmement, à cause de cette modification chimique, il y a un retard dans la transmission des informations de vos sens aux neurotransmetteurs de votre cerveau et de votre corps. Il y a un retard dans ce processus et un manque de synchronisation entre les sensations et les perceptions est généré.

C'est comme lorsque les gens sont ivres ou ont consommé de la marijuana. Ces substances "les ralentissent". Ils voient tout comme étant plus lent, différent. Mais dans ces cas-là, ils ne réagissent pas par la peur car ils savent que ce sont ces stimulants qui leur font percevoir la réalité de manière déformée.

Au lieu de cela, lorsque la sensation vous vient, vous ne savez pas qu'il y a un léger et inoffensif retard dans votre perception, et vous vous inquiétez donc d'avoir quelques lésions cérébrales et vous vous mortifiez à l'idée d'être comme ça pour toujours. Le plus important est que vous sachiez que le sentiment d'irréalité ou de dépersonnalisation ne vous cause pas plus de tort que les craintes et l'inconfort qu'il entraîne.

La pire chose que vous puissiez faire est d'y accorder trop d'attention. Ne résistez pas et acceptez. Laissez-vous aller. Appliquez les quatre étapes avec patience. Plus vous essaierez de vérifier comment vous percevez les sensations et les signaux provenant du monde extérieur ou plus vous vérifierez comment vous vous voyez, plus votre anxiété vous trompera et plus ce petit décalage restera dans votre cerveau.

À mesure que votre niveau d'anxiété diminue et que votre système se libère des hormones de stress, vos sens commenceront à envoyer des informations en synchronisation habituelle et vous commencerez à percevoir le monde comme vous l'avez toujours fait.

N'essayez pas trop d'enlever le "voile" qui obscurcit vos sens, car cela crée plus d'anxiété et de stress et finit par vous enlever ce dont vous voulez vous débarrasser. Oubliez ça, ça n'a pas d'importance. Et tout comme les gens ivres "s'en remettent", vous vous en remettrez aussi, dès que vous aurez atteint la sérénité. Le voile sera alors levé.

6. INSOMNIE

Comme il est facile de souffrir d'insomnie quand on traverse des crises angoissantes. L'inquiétude et l'inconfort physique produisent l'insomnie, l'insomnie produit l'inquiétude et l'épuisement physique. C'est un terrible cercle vicieux. Mais ce cycle peut être rompu.

Lorsque nous souffrons d'insomnie, le sommeil devient une obligation qui génère du stress. C'est pourquoi l'idée principale est de ne pas forcer le sommeil, de ne pas ressentir de pression pour dormir. Il faut juste laisser faire ce doit être fait. Lorsque vous allez vous coucher, considérez cela comme une nouvelle occasion de dormir, ne le considérez pas comme une obligation de dormir. Si vous vous couchez avec cette inquiétude, votre niveau d'anxiété montera en flèche et il vous sera plus difficile de vous endormir.

Si vous vous mortifiez en pensant : "Et si je ne dors pas cette nuit ? Je serai très fatigué demain matin. Vous pouvez répéter des phrases comme celle-ci : "Je vais me coucher. Si je peux dormir, c'est bien, mais si je ne peux pas dormir, ce n'est pas la fin du monde. Je survivrai". Ne soyez pas frustré ou fâché lorsque vous restez debout toute la nuit car cela augmentera votre stress chaque nuit. Du calme, personne ne souffre d'insomnie pour toujours.

Défiez votre insomnie en disant : "Je vais rester debout aussi longtemps que je peux ce soir, merci, insomnie. Essayez, essayez de rester debout aussi longtemps que vous le pouvez. Il y a de fortes chances que vous vous endormiez à un moment donné.

Recommandations contre l'insomnie :

- Quand vous vous couchez, ne pensez pas aux activités que vous devez faire le lendemain, respirez simplement.

- Prenez un bain chaud avec des gouttes de lavande ou un autre parfum relaxant avant de vous coucher. Cela vous aidera à détendre vos muscles.

- Prenez 300 milligrammes de magnésium avant de vous coucher. Il contribue à améliorer le sommeil et la santé en général.

- Ajustez la température de votre chambre au niveau le plus confortable pour vous.

- Si votre esprit est très excité, essayez de lire un peu avant d'éteindre la lumière.

- Portez un masque de sommeil pour vous couvrir les yeux. Les personnes anxieuses sont plus sensibles à la lumière que les autres.

- Si vous vous réveillez au milieu de la nuit, ne quittez pas votre lit. Vous donnerez à votre tête le signal qu'il est temps de dormir. Restez aussi détendu que possible.

- Si vous êtes très contrarié ou obsédé par les événements du lendemain, allumez la lumière pendant un moment et prenez note de vos préoccupations. Cela permettra de libérer l'énergie mentale et le stress.

- Obtenez des tutoriels vidéo en ligne sur la respiration pour vous aider à vous détendre. Ces exercices vous aident à avoir l'esprit tranquille lorsque vous êtes allongé dans le noir.

PARTIE 3. COMMENT FAIRE FACE AUX PHOBIES ET AUX PEURS

Pendant une crise d'angoisse, il est très fréquent que vous développiez des craintes ou des phobies face à des situations et des activités particulières qui vous semblaient normales auparavant, mais qui vous effraient maintenant, de sorte que vous souhaitez les éviter à tout prix.

Certaines personnes peuvent commencer à avoir peur de conduire, de se trouver dans des endroits bondés, de voyager en avion, etc. Ces craintes n'apparaissent pas du jour au lendemain, mais elles peuvent être déclenchées par un événement initial qui vous a causé beaucoup d'anxiété.

Vous avez peut-être eu votre première crise de panique en conduisant votre voiture. Depuis, vous commencez lentement à avoir peur de conduire. D'autres personnes peuvent avoir vécu une expérience désagréable dans un endroit surpeuplé, et lorsqu'elles doivent retourner dans des endroits où il y a beaucoup de monde, elles se sentent extrêmement anxieuses. Certaines personnes ont toujours été habituées à être seules, mais comme elles souffrent d'anxiété, elles ont peur de la solitude.

De nombreuses phobies peuvent se développer lorsque vous êtes anxieux, mais nous allons ici passer en revue certaines qui sont très courantes et nous verrons quelles techniques vous devriez utiliser pour entreprendre à nouveau ces tâches aussi naturellement et calmement qu'auparavant.

L'aspect le plus important à prendre en compte si vous souffrez d'une phobie est que la seule chose que vous devez éviter à tout prix est l'évitement. Il faut faire face aux craintes. Si vous évitez de faire cette activité ou d'être dans ce lieu dont vous avez si peur, vous renforcez la peur. De nombreuses personnes anxieuses cherchent les excuses les plus inhabituelles pour éviter la situation qui leur fait si peur. Ils créent une sorte de zone de confort qu'ils ne veulent pas quitter. Si vous êtes l'un d'entre eux, vous devez savoir ceci : une zone de confort dont vous ne sortez jamais devient finalement une prison. Ne soyez pas prisonnier de vos phobies.

Voici les techniques que vous devriez utiliser pour ne plus être prisonnier de vos peurs. Si votre phobie n'apparaît pas dans ce chapitre, cela n'a pas d'importance. N'oubliez pas que toutes les techniques, méthodes et conseils que nous fournissons ici sont applicables à toute situation d'anxiété dans laquelle vous vous trouvez. Il suffit d'adapter nos conseils à votre cas.

1. La peur de conduire

L'une des craintes les plus courantes chez les personnes anxieuses est celle de conduire. Il peut s'agir de la peur de rester coincé dans la voiture lorsque la circulation est encombrée ou de la peur de perdre le contrôle de sa voiture et de provoquer un accident mortel.

Certaines personnes ont passé des années sans conduire de voiture à cause de ces craintes. Ils s'imaginent qu'ils peuvent avoir une crise de panique ou d'angoisse et que cela pourrait les distraire et les faire s'effondrer.

Le paradoxe est que la plupart des personnes anxieuses ont

tendance à être plus prudentes au volant de leur voiture que les autres conducteurs. C'est précisément parce que les personnes anxieuses ont un niveau élevé de vigilance sensorielle, c'est-à-dire qu'elles sont beaucoup plus conscientes de ce qui se passe autour d'elles et que leurs sens sont mieux à même de tout saisir lorsqu'elles conduisent. Donc, le premier point qu'il faut comprendre est que si vous avez toujours été un bon conducteur, le fait que vous soyez anxieux maintenant ne fait pas de vous un mauvais conducteur, et si vous avez déjà eu un accident, cela ne veut pas dire que vous en aurez un autre non plus. Arrêtez de vous en faire.

L'autre situation que nous avons mentionnée est la terreur de se retrouver coincé dans la circulation, de ne pas avoir de moyen de s'en sortir. Dans ce cas, la chose la plus importante à garder à l'esprit est que le trafic finira par s'écouler. Vous ne serez pas paralysé à jamais et il y aura toujours une issue.

La première tâche que vous devez entreprendre pour éliminer définitivement la phobie de la conduite est de prendre le volant. Vous pouvez commencer par un itinéraire très court et tranquille, par exemple dans un parking ou dans une rue calme le dimanche. Tout dépendra de votre peur de conduire. Lorsque vous commencerez à conduire, vous ressentirez probablement des symptômes d'anxiété et de panique, et vous aurez en tête les questions angoissantes qui vous sont familières.

"Et si j'ai une crise au volant et que cela me fait avoir un accident ? Ou peut-être... Et si ma voiture tombe en panne et que je suis bloqué loin de chez moi ? Vous pourriez répondre quelque chose comme : "Et alors ? Si j'ai une crise de panique, je sais comment y faire face". Vous pourriez aussi dire : "Si ma voiture est bloquée, j'appelle un mécanicien ou une dépanneuse pour m'aider".

Partez aussi loin que vous le pouvez, à chaque fois. Si vous ressentez des signes de panique, de vigilance ou des pensées anxieuses, continuez votre chemin. Brisez ces idées fatalistes par des réponses appropriées. Permettez à l'anxiété de vous envoyer toutes les sensations qu'elle désire et acceptez-les. Si vous ne résistez pas à cette excitation nerveuse pendant que vous conduisez, la perturbation va baisser ses niveaux, parce qu'au bout du compte, il ne se passera rien, vous n'aurez pas d'accident et vous n'aurez peut-être même pas de crise de panique. Vous savez maintenant comment y faire face. Au cas où vous vous sentiriez étourdi et faible, vous pouvez arrêter la voiture pendant quelques minutes jusqu'à ce que vous vous stabilisiez, puis continuer.

Continuez à suivre les quatre étapes. Faites attention à tout ce que vous faites pendant que vous conduisez. Regardez les autres voitures, prenez le contrôle de ce que vous faites, et cessez de prendre à la légère les sentiments ou les signes d'anxiété que vous pouvez ressentir. N'oubliez pas que le but n'est pas d'éliminer ces sentiments, mais de ne pas en avoir peur.

Important : si vous ne ressentez pas de signes d'anxiété en conduisant, vous ne sortez probablement pas de votre zone de confort. Essayez d'aller le plus loin possible à chaque fois que vous vous entraînez. Les premières fois, vous pouvez y aller avec quelqu'un d'autre si vous le souhaitez, mais vous devez ensuite essayer par vous-même. Relevez le défi en vous amenant au point où vous commencez à ressentir des symptômes d'anxiété, car le but de cette pratique est de vous permettre de prendre le volant même si vous éprouvez des sentiments d'anxiété. C'est la seule façon de s'en sortir.

Un outil que vous pouvez utiliser pour vous aider et rendre ce processus plus agréable est le chant. Ajoutez de la musique à l'étape 3, excitez-vous en chantant vos chansons préférées pour vous sentir plus à l'aise et libérer votre énergie. Suivez les quatre étapes jusqu'à la fin. Faites cette pratique jusqu'à ce que vous vous sentiez capable de la gérer, quels que soient les symptômes d'anxiété. Vous pouvez le faire !

2. LA PEUR DES SITUATIONS "IMPOSSIBLES À FUIR"

Dans cette partie, nous allons parler de la phobie de se faire "piéger". Il existe deux types de situations : celles dans lesquelles vous pouvez sortir, mais qui seraient "mal vues" socialement si vous fuyiez (par exemple, les réunions d'affaires, les messes, les files d'attente pour payer au supermarché, au cinéma, au théâtre), et celles dans lesquelles vous devez nécessairement attendre pour sortir (monter ou descendre dans l'ascenseur, prendre le métro ou le bus, prendre l'avion).

Ne traitons maintenant que le premier cas, c'est-à-dire celui où vous êtes "socialement piégé". La véritable peur dans ce type de situation n'est pas exactement le fait d'être coincé, mais la honte ou le stress social qu'entraînerait une "évasion" de cet endroit, puisque vous n'êtes pas vraiment obligé d'y rester et que personne ne vous retient prisonnier. Vous pouvez quitter l'endroit si vous le souhaitez, mais cela signifierait un comportement "répréhensible" sur le plan social, donc vous ressentez la pression sociale et du stress.

Vous commencez à vous poser des questions telles que: "Que vont penser les autres si je ne tiens pas le coup et quitte la réunion soudainement ? Vous devez répondre de manière appropriée : "Et alors ! Si je le veux, je peux m'excuser et partir, parce que personne ne me garde enchaîné ici. Ce genre de réponses ne vous donne pas une excuse pour éviter d'avoir des ennuis ou de les fuir, mais elles vous empêchent de vous générer davantage d'anxiété et de craintes sans raison valable.

Pour travailler sur ce problème, prenons l'exemple suivant.

Imaginez que vous êtes au salon de beauté ou chez le coiffeur. Vous savez que vous devez rester assis dans ce fauteuil pendant que le service est effectué, ce qui génère du stress et de l'anxiété.

En plus de répondre de manière appropriée à vos questions angoissantes, vous devez accepter tous les signaux que l'adrénaline produit dans votre corps. Soulagez votre angoisse en vous disant intérieurement : "Si je sens que j'ai besoin de sortir d'ici, je dirai au coiffeur de m'excuser une minute et que je sors pour me dégourdir les jambes. Qu'importe ce qu'il pense". Si après quelques minutes l'adrénaline commence à monter, ne résistez pas aux sensations qu'elle produit. Vous ne devez pas non plus être mortifié au cas où la personne qui vous coiffe se rendrait compte que quelque chose ne va pas chez vous. Cela n'a pas vraiment d'importance. Laissez passer le temps pendant que vous appliquez les deux premières étapes. Si vous voyez que vous vous agitez, alors il est temps de vous exciter et de "courir" intérieurement au rythme de votre anxiété.

Vous pouvez fermer les yeux et vous moquer mentalement de la situation et de vos craintes, en imaginant que vous vous levez et dansez avec tout le monde dans la salle. Ou toute autre idée amusante que vous pouvez trouver. Lorsque l'intensité diminue, essayez de vous occuper à l'étape quatre, en lisant un magazine ou en discutant avec votre coiffeur. L'important est que le processus se poursuive sans que vous ne soyez paralysé ou que vous ne fuyiez. La prochaine fois, ce sera beaucoup plus facile.

3. LA PEUR D'ÊTRE PHYSIQUEMENT PIÉGÉ

Bon... Et si vous êtes vraiment piégé physiquement ? Si vous devez prendre l'avion, faire un long voyage en voiture, monter et descendre dans un ascenseur, dans tous les cas vous devez attendre la fin du voyage pour en "sortir". C'est l'une des plus grandes craintes des personnes anxieuses.

Abordons cette partie par l'exemple du transport aérien. Dans ce cas, vous ne pouvez pas donner une excuse et vous échapper. Il faut attendre pour sortir de là. Nous devons préciser qu'il ne s'agit pas ici de la peur de subir un accident d'avion, mais de la crise de panique due au fait d'être coincé dans l'avion.

La première chose à faire est de bien planifier votre voyage. Si le voyage en avion vous rend déjà nerveux, anxieux et stressé, n'ajoutez pas de bois au feu en faisant tout à la dernière minute.   Évitez de courir à l'aéroport et de commencer votre vol à la hâte. De plus, reposez-vous et dormez suffisamment la nuit ou durant les heures qui précèdent votre voyage.

Ainsi, vous ne serez pas fatigué, ce qui serait contre-productif, puisque la fatigue physique et mentale contribuerait à votre anxiété pendant le vol.

Prévoyez à temps votre trajet jusqu'à l'aéroport. Faites vos valises calmement. Les moments précédant votre voyage doivent être aussi détendus que possible.

Une fois à bord de l'avion, les sentiments d'anxiété commenceront probablement. Ne leur résistez pas. En fait, vous devriez voyager par anticipation, et savoir que les alertes seront activées ne devrait pas vous surprendre. L'heure du décollage est généralement la plus stressante pour la plupart des voyageurs.

Pendant ce moment, répétez-vous en interne : "Je suis excité par l'avion, je suis excité par l'avion". Répétez l'opération et soyez vraiment excités, voler est vraiment passionnant.

Lorsque votre tête est inondée de pensées pénibles et que vous vous demandez s'il y aura une crise de panique ou une crise d'anxiété intense alors que vous êtes "coincé" dans l'avion, vous devez répondre : "Ce sera juste inconfortable et désagréable, mais cela ne me tuera pas et cela finira par disparaître.

Si des inquiétudes concernant d'éventuelles turbulences vous viennent à l'esprit, répondez comme ceci : "Cela n'a pas d'importance. S'il y a des turbulences, je me croirai sur des montagnes russes. De plus, les avions sont des véhicules très sûrs et les pilotes sont préparés à cela et c'est une chose courante.

Lorsque des sentiments d'anxiété surgissent, acceptez-les en sachant qu'ils ne peuvent pas vous nuire. Si l'adrénaline est si élevée qu'elle vous menace d'une crise de panique, pensez à ceci : "Tiens, la voilà, la panique. Je m'attendais à ce que vous vous présentiez pendant le vol. Bienvenue". Vous devez alors vous exciter, exiger davantage de votre anxiété, lui demander de vous envoyer tous les signaux qu'elle veut. Nous savons qu'il n'est pas facile de mettre ces recommandations en pratique lorsque vous êtes stressé pendant un vol.

Nous savons que votre système contient de nombreuses hormones de stress, mais plus vous êtes excité et plus vous exigez la panique au milieu du vol, plus vous vous sentirez en confiance, car vous aurez le pouvoir et le contrôle de votre anxiété.

Si le voyage est long, les poussées d'adrénaline vont et viennent à plusieurs reprises. En faisant face aux attaques et en suivant les quatre étapes, vous retrouverez la confiance, de sorte que lors de la prochaine attaque, vos craintes seront moindres que lors de la précédente.

Lorsque votre niveau d'anxiété baisse, faites attention à

quelque chose d'important ou d'intéressant, occupez-vous de quelque chose. Vous pouvez lire un livre ou un magazine, regarder un film, écouter de la musique relaxante. L'idée est de continuer comme si de rien n'était.

À la fin du voyage, vous vous sentirez comblé et serez mieux préparé pour la prochaine fois que vous devrez prendre l'avion, car votre cerveau aura compris qu'il ne faut pas non plus craindre les crises de panique pendant les vols, et que même si vous étiez d'une certaine manière "physiquement piégé", cela ne durait pas éternellement et vous arriveriez quoiqu'il arrive, à destination.

4. LA PEUR DE PARLER EN PUBLIC

Lorsque nous parlons de prise de parole en public, nous ne voulons pas seulement dire parler dans un auditorium devant un grand nombre de personnes, mais toute situation où vous devez exprimer vos idées oralement devant un groupe de personnes.

Il peut s'agir d'une réunion de travail, de la présentation d'un projet étudiant, d'un entretien d'embauche. Ce genre de situation peut rendre une personne très nerveuse, car elle lui fait craindre de faire une dépression pendant le discours. Vous pouvez être stressé à l'idée que votre public remarque que vous êtes nerveux et pense du mal de vous. Ou bien vos nerfs peuvent vous empêcher de parler.

Vous vous demandez peut-être comment appliquer les quatre étapes de notre méthode pendant que vous parlez devant d'autres personnes, sans avoir le temps ou l'espace de vous remettre les idées en place, comme dans d'autres situations dont nous avons déjà parlé.

La première recommandation est de préparer à l'avance une

série de questions angoissantes qui pourraient vous attaquer pendant l'événement et de leur donner les réponses pertinentes. Ainsi, avant même l'heure du discours, vous aurez déjà dans votre tête les réponses qui feront tomber vos pensées chaotiques.

Faites une liste des questions et réponses possibles. Par exemple :

"Et si j'avais une crise de panique alors que tout le monde me regarde ?" "Cela n'a pas d'importance. Ils ne le remarqueront pas parce que j'utiliserai cette énergie pour accentuer mes mots.

"Et s'ils remarquent que je suis nerveux ?" "Et si... Ils ont déjà du être à ma place auparavant et ils savent ce que c'est". "Et si j'oublie ce que je suis censé dire ?" "Cela n'arrivera pas. Mon esprit est alerte et bien éveillé et j'aurai toutes les informations à portée de main".

Dans ce cas, la différence entre les étapes est que l'acceptation doit être antérieure au moment du discours. Lorsque vous arrivez sur le lieu de votre présentation, vous devez le faire en acceptant et en sachant que vous serez anxieux. Ainsi, vous ne déclencherez pas d'anxiété dès le début de votre discours, mais vous serez prêt à vous sentir nerveux. N'essayez pas de rester calme et posé. Ne résistez pas. L'effort pour essayer de vous calmer vous rendra encore plus excité et anxieux.

Lorsque des sentiments d'anxiété apparaissent, laissez-les s'exprimer. Après quelques secondes, tout se calme et vous vous sentez plus à l'aise. Si vous avez une grosseur dans la gorge et que votre cœur bat très vite ou si vous avez l'impression que votre voix pourrait se briser, utilisez cette énergie d'une autre manière.

Canalisez les sensations pour animer votre discours. Pensez

que si vous êtes trop calme et détendu, vous pourriez avoir l'air de vous ennuyer. Si vous transformez votre nervosité et parlez avec émotion et emphase, vous serez plus convaincu de ce que vous dites et rendrez le moment plus intéressant. Faites des gestes avec vos bras, marchez et bougez, ne regardez pas la même personne trop longtemps.

Déplacez-vous. De cette façon, vous libérez de l'énergie.

Cette canalisation permettra à votre énergie d'être extériorisée dans le cadre de votre discours au lieu d'être piégée à l'intérieur de vous en vous attaquant à l'estomac ou en vous faisant transpirer et trembler. Si le niveau de vos signaux d'alerte devient trop élevé au moment où vous parlez, agissez en même temps qu'eux.

Vivez avec les sensations. Pendant les brèves pauses durant votre oral, laissez-vous bercer par des pensées "flash" comme "Allez !" ou "Continue ! Même si vous sentez que vous ne pouvez pas continuer, faites-le, vous le pouvez ! Poussez votre anxiété de l'intérieur, demandez plus (intérieurement) même si ce n'est que pour des fractions de seconde.

Gardez le contact avec l'anxiété et les craintes, continuez à parler, laissez l'énergie circuler, allez de l'avant. Tous ces éléments réussiront, avant que vous ne vous en rendiez compte, à vous détendre peu à peu.

Vous devez trouver difficile de manipuler tous ces outils en même temps que vous parlez. Comprendre que toute pensée interne doit être traitée en quelques fractions de seconde. Il y a toujours un moment pour le faire. Croyez-nous, votre esprit est capable d'avoir plusieurs pensées sur différents sujets en même temps que vous parlez.

Si vous êtes attentif, vous verrez que lorsque vous parlez et regardez quelqu'un, vous vous demandez peut-être en même temps quelle perception cette personne a de vous ou vous arrivez à faire un "commentaire" mental sur ses caractéristiques physiques.

Pendant que vous parlez, vous pouvez vous demander si la personne dans le coin s'endort ou est distraite. Au lieu de vous concentrer sur ces détails, réfléchissez aux réponses qui vous aideront à évacuer votre anxiété et à améliorer votre présentation.

N'ayez pas peur d'oublier ce qu'il faut dire ou de vous faire "accrocher". Votre esprit anxieux est constamment actif et aura toujours un exutoire ou un lien avec une autre nouvelle idée. Vous êtes alerte et vos pensées sont plus fluides, donc plus réactives. Quand vous vous y attendrez le moins, votre message sera terminé et tout sera derrière vous. Ayez confiance en vous.

5. LA PEUR DES MÉDECINS OU DE LA PRISE DE VOTRE TENSION ARTÉRIELLE

Les niveaux élevés d'anxiété font que certaines personnes deviennent obsédées par leur cœur. Lorsqu'ils doivent aller chez le médecin, ils se sentent très angoissés. Si c'est votre cas, il se peut que lorsque celui-ci mesure votre tension artérielle, celle-ci soit élevée. C'est probablement le soi-disant "syndrome de la blouse blanche", et c'est juste que, l'hypertension artérielle due à l'anxiété de voir le médecin.

La recommandation dans ces cas est d'expliquer au spécialiste que vous traversez une crise d'angoisse et que vous avez besoin de vous détendre avant de prendre la mesure.

En général, le simple fait de partager ces informations avec le spécialiste vous aide à libérer de l'énergie et à être plus détendu. Vous pouvez même parler à votre médecin de la méthode en quatre étapes. Les médecins sont toujours intéressés par ces sujets. En le rendant plus convivial, vous perdrez votre peur du médecin et il pourra probablement prendre votre tension artérielle avec précision.

6. L'HYPOCONDRIE ET LA PEUR DE LA MORT

Les personnes atteintes d'hypocondrie souffrent souvent d'anxiété, mais il peut aussi arriver qu'une personne anxieuse qui présente de nombreux "symptômes étranges" commence à ressembler à un hypocondriaque.

L'hypocondrie est un trouble qui vous amène à ressentir une peur démesurée de la maladie et à penser que toute sensation ou tout changement physique minime est le signe d'une maladie. Les hypocondriaques sont généralement examinés à plusieurs reprises par leur médecin pour s'assurer qu'ils n'ont rien. Cependant, ils craignent toujours qu'il y ait quelque chose que les médecins n'ont pas réussi à diagnostiquer.

Il est fréquent que vous deveniez un peu hypocondriaque si vous souffrez d'anxiété et commencez même à craindre la mort. Vous êtes submergé par des pensées angoissantes telles que : "Pourquoi ma tête me fait-elle mal et mes doigts me picotent ? Serait-ce une tumeur au cerveau ? Vous pourriez répondre : "Si chaque fois que je ressens quelque chose d'étrange, cela signifie que j'ai une tumeur, alors je suis le patient le plus résistant au monde.

Penser autant aux maladies et aux symptômes peut vous faire craindre plus que d'habitude de mourir. "Et si je faisais une crise cardiaque dans mon sommeil et que je mourais ? Vous pouvez dire : "Au moins, je ne vais pas le remarquer." Ou encore : "Et alors, personne ne meurt sauf le jour où c'est son tour. En attendant, je vais profiter de ma vie".

Oubliez les maladies. Tout ce que vous ressentez est le produit d'un excès d'hormones de stress. Laissez les sentiments aller et venir. Au fil du temps, vous verrez que vous ne vous contentez pas de "tomber malade", vous finirez par écarter ces craintes. Quant à la terreur de mourir, vous devez savoir que la mort est inévitable. Et vous ne pouvez pas la contrôler. Continuez votre vie sans vous soucier de ce qui n'est pas entre vos mains.

Important : évitez à tout prix de chercher sur Internet des informations sur les différents "symptômes" qui se présentent à vous. Les résultats vous feront plus peur, car presque toute sensation qui apparaîtra sera semblable au symptôme d'une "vraie" maladie. N'alimentez pas vos craintes avec des informations non pertinentes qui ne vous aident pas du tout.

PARTIE 4. RECOMMANDATIONS POUR RENFORCER VOTRE RÉTABLISSEMENT ET ÉVITER LES RECHUTES

Vous êtes sur le point de terminer le voyage que vous avez fait avec nous. Si vous avez suivi nos étapes et nos techniques, vous devriez vous sentir beaucoup plus soulagé que lorsque vous avez commencé à lire le livre. Nous savons que le rétablissement n'est pas si facile et qu'il ne se fera pas du jour au lendemain, et nous comprenons que chaque cas individuel doit prendre le temps nécessaire. Mais nous savons aussi que nous pouvons avoir confiance dans votre capacité à vous rétablir et que si vous avez réussi jusqu'ici, vous avez certainement fait des progrès.

Pour vous aider à garder le cap, nous vous donnons dans ce court chapitre une série de recommandations et d'outils que vous devriez utiliser pour renforcer tout ce que nous vous avons appris jusqu'à présent.

RECOMMANDATIONS

1. Suivez les quatre étapes pour chaque situation, mais ne soyez pas rigide. Adaptez les techniques à votre propre personnalité et donnez une approche ludique à la méthode. Jouez avec les étapes, ajoutez de l'humour à votre guérison.

2. Faites des "petits pas". N'essayez pas d'aller trop vite. Ne faites pas les changements trop brusquement. N'oubliez pas que la première étape est toujours la plus importante. Si vous faites un pas, les autres seront plus faciles à faire.

3. Trouvez une personne qui vous épaule. Si, au début, vous

vous sentez incapable de faire face à votre anxiété ou de sortir seul de votre zone de confort, vous pouvez trouver une personne de confiance pour vous soutenir et vous encourager à continuer. Il peut s'agir de votre partenaire, d'un ami ou d'un thérapeute. Ainsi, vous vous sentirez plus à l'aise, mais n'oubliez pas que vous ne devez pas vous habituer à avoir une béquille avec vous tout le temps. Tôt ou tard, vous allez devoir le faire par vous-même.

4. Ne soyez pas frustré si vous avez l'impression de ne pas obtenir de résultats aussi rapidement que vous ne le souhaiteriez. La pratique continue et répétée de la méthode conduira finalement au rétablissement. Ne forcez pas et ne vous impatientez pas. L'impatience crée de l'anxiété, alors allez-y doucement.

5. Ne soyez pas dur avec vous-même. Ne vous blâmez pas et n'ayez pas honte de vous pour avoir traversé cette période difficile. Vous montrez que vous êtes fort et qu'il y a en vous une puissance dont vous ne saviez pas qu'elle existait. Profitez de cette expérience pour vous sentir plus fort. Surmonter l'anxiété n'est pas pour les faibles.

6. Laissez tomber les béquilles. Nous entendons par là les actions, les personnes ou les objets sans lesquels vous ne vous sentez pas complètement en sécurité. Par exemple : toujours sortir avec quelqu'un ; prendre des analgésiques au cas où vous vous sentiriez anxieux ; appeler ou envoyer des SMS à quelqu'un qui vous donne un sentiment de sécurité ; sortir à tout prix avec votre téléphone portable en cas d'urgence ; faire des contrôles médicaux répétés pour s'assurer que vous n'êtes pas malade. Au début, ils sont utiles pour sortir de votre zone de confort, mais il faut un jour y renoncer et apprendre à accepter que vous êtes assez de vous-même pour vous donner la sécurité dont vous avez besoin.

7. Aimer, pardonner, être reconnaissant. Libérez-vous de vos rancunes et de votre culpabilité. Ces deux derniers sentiments sont lourds et vous privent de votre tranquillité d'esprit, et vous avez besoin de tranquillité d'esprit. D'autre part, le pardon vous soulage et vous aide à vivre plus détendu.

8. Lorsque vous êtes pressé, faites les choses plus calmement que d'habitude. La hâte peut vous rendre maladroit, et les résultats de la maladresse créent du stress. Lorsque vous êtes pressé, faites les choses avec plus de soin pour que tout se passe plus vite et plus facilement. C'est une pratique antistress très efficace.

9. Buvez beaucoup d'eau. Croyez-le ou non, l'eau stimule votre potentiel de récupération. Non seulement elle étanche la soif, mais l'eau potable réduit aussi considérablement le niveau d'anxiété. La plupart des fonctions de l'organisme sont liées à la circulation efficace de l'eau dans notre système.

C'est par l'eau que les hormones, les nutriments et les produits chimiques sont transportés dans notre corps pour ses fonctions vitales. Il a été prouvé que si vous êtes mal hydraté, avec un léger déficit de seulement deux verres d'eau, les niveaux de cortisol, qui est l'une des hormones du stress, montent en flèche.

Essayez de consommer 8 verres d'eau par jour, non pas l'un après l'autre mais administrés tout au long de la journée.

10. Faites attention à ce que vous mangez. Les symptômes des crises de panique et d'anxiété sont similaires aux symptômes de l'hypoglycémie. Par conséquent, pour les personnes anxieuses, il est conseillé de suivre un régime à faible indice glycémique, c'est-à-dire des aliments qui maintiennent le taux de sucre dans le sang à un niveau constant.

Vous devez éliminer les aliments à forte teneur en sucre tels que les chocolats, les gâteaux, les sucreries, les desserts, les boissons gazeuses et les glaces. Il ne s'agit pas de se torturer en éliminant tout ce qui vous plaît, mais d'essayer de trouver un équilibre. Incluez beaucoup de légumes pour aider à purifier votre système.

11. Évitez le café et l'alcool. La caféine et l'alcool sont des stimulants et peuvent produire des sensations similaires à celles qui déclenchent vos hormones de stress. Évitez-les autant que possible. Si vous êtes un buveur de café régulier, limitez votre consommation au matin seulement. Quant à l'alcool, ne le consommez jamais en excès. L'alcool est plus difficile à évacuer de votre organisme et son abus peut déclencher des niveaux d'anxiété.

12. Exercice. Bougez votre corps. Vous ne trouverez pas de "pilule" antidépressive et anti-anxiété plus efficace que celle-ci. L'exercice est non seulement bénéfique pour le corps, mais aussi pour l'esprit. Il libère de la dopamine, de la sérotonine et de la noradrénaline, qui sont les neurotransmetteurs chargés de réguler l'humeur. C'est prouvé scientifiquement.

Pratiquez la discipline qui vous plaît ou qui est le plus à votre portée. N'oubliez pas de toujours consulter votre médecin avant de faire un exercice intense.

13. Riez ! Le rire est un outil efficace pour briser les états d'anxiété. C'est également prouvé scientifiquement. Le rire libère les hormones du "bonheur" et réduit les niveaux d'hormones du stress. Il abaisse la pression artérielle, augmente le flux sanguin, vous aide à résister à la douleur, oxygène et stimule le cœur, les poumons et les muscles. Trouvez des activités amusantes, réunissez-vous avec des personnes joyeuses et drôles, regardez des spectacles ou des films comiques.

14. Pour compléter le point ci-dessus, évitez les reportages

stressants et les personnes pessimistes et négatives qui ne voient que le côté sombre des choses. Et si vous ne pouvez pas éviter certaines personnes ayant ces caractéristiques, ne vous laissez pas contaminer par leur mauvaise humeur et leurs attitudes défaitistes. Il faut toujours voir le bon côté des choses.

16. Augmentez votre potentiel de récupération de l'anxiété grâce à des exercices de respiration et de relaxation guidés. Pratiquez-les quotidiennement. Une des principales causes des signaux d'anxiété est la mauvaise respiration.

Si vous n'avez pas le temps ou la volonté d'assister à des séances de méditation, de yoga ou de toute autre discipline qui vous aidera sur ce point, n'hésitez pas à rechercher des didacticiels vidéo sur Internet. Il existe une abondance de documents sur ce sujet.

Choisissez ceux que vous trouvez les plus fiables.

Ces exercices apportent du confort, réduisent les tensions et vous détendent. Si vous le faites avec discipline, après quelques semaines, votre corps aura appris à rester dans un autre registre.

17. Nettoyez votre système anxiolytique. Si vous avez consulté un psychiatre ou un psychologue et que des médicaments vous ont été prescrits pour faire face à l'anxiété, gardez ceci à l'esprit : il n'existe pas de pilules magiques contre les troubles nerveux. Si vous suivez les étapes de cette méthode, tout fonctionnera mieux si vous débarrassez votre cerveau de ces substances qui font parfois plus de mal que de bien et peuvent vous maintenir en état de dormance. Mais faites-le de la bonne manière : demandez à votre médecin de réduire progressivement les doses, jusqu'à ce que la prise de

médicament soit complètement éliminée. Ne cessez jamais de prendre des anxiolytiques de façon soudaine, car vous pouvez entrer en sevrage. Ce nettoyage est progressif.

CONCLUSIONS ET MESSAGE FINAL

Après avoir parcouru le chemin avec nous, vous devez déjà avoir réalisé quelque chose de très important : c'est vous, et vous seul, qui allez vous sauver. C'est vous qui allez conduire jusqu'à la sortie du labyrinthe. Le livre n'est qu'un guide, mais le pouvoir et le contrôle sont toujours là, en vous. Nous vous donnons seulement un coup de pouce.

En être conscient est une révélation de toute l'énergie libératrice que vous portez avec vous. Et cette force intérieure vous aidera tout au long de votre vie.

Saisissez cette occasion. Notez que la dernière étape de la méthode est l'"occupation". Prenez soin de votre vie. La vie continue, quoi qu'il arrive.

Mais nous avons déjà atteint notre objectif : vous aider à vous débarrasser de la peur et de la menace qui pesaient sur vous jusqu'à récemment. C'est le but de ce livre. Pour vous libérer, tout comme nous l'avons fait avant vous.

Nous voulons que vous ayez désormais une vision plus optimiste de la vie et de l'attitude à adopter. Et de ne pas abandonner si, à un moment donné, vous sentez que vous vous affaiblissez. Vous savez que vous avez les quatre étapes qui vous libèrent effectivement de vos peurs. Continuez à vous faire confiance, d'autant plus que vous êtes plus fort qu'avant.

N'oubliez pas que votre rétablissement ne consiste pas à éliminer ces sentiments qui vous terrifiaient tant, mais que maintenant ces sentiments ne sont plus une menace pour vous, vous pouvez reprendre et profiter de votre vie, qu'ils soient présents ou non.

Lorsque vous lirez ces lignes, vous vous sentirez peut-être un peu sceptique, vous ne serez peut-être pas encore complètement libéré de vos craintes, mais si vous continuez à pratiquer comme vous l'avez fait, tous ces sentiments passeront tellement inaperçus qu'ils finiront par s'estomper.

Nous vous promettons que d'un jour à l'autre, vous vous réveillerez avec le sentiment que le manteau de l'anxiété ne vous couvre plus comme avant et qu'avec le temps, il cessera de vous couvrir complètement et vous reviendrez à votre ancien moi, bien qu'il soit plus fort.

Maintenant, votre arme la plus précieuse est votre confiance en vous. Faites-vous confiance. Relisez le livre autant de fois que nécessaire pour régler les derniers détails et comprendre les idées plus sereinement.

Aider les autres est toujours positif. Si vous connaissez une personne qui a besoin d'aide parce qu'elle souffre d'anxiété ou de crises de panique, vous pouvez lui recommander ce livre. Peut-être qu'en partageant vos expériences avec ce "collègue", vous vous sentirez mieux et serez satisfait de savoir que vous avez été utile à quelqu'un qui traverse ce que vous vivez.

Et il y a une chose que vous ne devez pas oublier : le temps est votre ressource la plus précieuse. Ne la gaspillez pas en angoisse.

Soyez heureux et libre !

Enfin, je vous serais très reconnaissant de laisser une critique de ce livre sur la plateforme où vous l'avez acheté, car cela aidera d'autres personnes à le voir et à le lire.

Merci !

Lecture recommandée:

Comment Vaincre la Peur.

Auteur: Elvis D Beuses

La pleine conscience en espagnol: décongestionnez votre esprit

Ronna Browning

Printed in France by Amazon
Brétigny-sur-Orge, FR

15122875R00059